ज्योतिषशास्त्र में योगों का विशेष स्थान है। ये योग अनेक प्रकार के होते हैं, ये योग दृष्टी-युति तथा अन्योन्याश्रय के प्रत्यक्ष फल के प्राप्त होने में एक क्रांतिकारी विप्लव या परिवर्तन उत्पन्न कर देते हैं, जो कि सर्वसाधारण ज्योतिषियों को तुरंत समझ में न आ सकने के कारण ग्रहों का फलादेश कुछ से कुछ हो जाता है।

इसलिए यह आवश्यक हो जाता है कि दरिद्र, प्रवज्या, राजयोगादि का वर्णन कर इस कठिन उलझन को सुलझाने का सफल प्रयत्न किया जाए ताकि सभी पाठक या ज्योतिष में रुचि रखने वाले व्यक्ति पर्याप्त लाभ उठा सकें। ये उपर्युक्त सभी योग 'यथा नाम तथा गुणा:' की कहावत को पूर्णरूप से चरितार्थ करते हैं। इन योगों का वर्णन अनेक ग्रंथों में अनेक प्रकार से मिलता है जिनमें राजयोगों को विशेष रूप से महत्त्व दिया गया है। इसलिए हम इस पुस्तक में महत्त्वपूर्ण राजयोगों का वर्णन कर रहे हैं।

ज्योतिष और राजयोग

किन-किन योगों से व्यक्ति राजा तुल्य ऐश्वर्य को प्राप्त करता है, आर०ए०एस, आई०ए०एस० जैसे पदों पर पहुंचने के लिए कौन-कौन-से योग सहायक सिद्ध हो सकते हैं, कौन-से ग्रह व्यक्ति को राजनीति की ओर मोड़ते हैं, राजनेता, विधायक, सांसद, मंत्री, मुख्यमंत्री एवं प्रधानमंत्री पद पर व्यक्ति किन-किन ज्योतिष योगों की सहायता से पहुंच पाता है तथा किन-किन कुयोगों के कारण व्यक्ति चुनाव में पिट जाता है अथवा राजनीति में जाकर मनुष्य दिवालिया हो जाता है, इन सब पर संपूर्ण विस्तार के साथ प्रामाणिक चर्चा, ज्योतिष प्रेमी सज्जनों के लिए अमूल्य संग्रहणीय सामग्री इस पुस्तक के माध्यम से आप पहली बार देख पाएँगे।

लेखक :
अन्तर्राष्ट्रीय ख्यातिप्राप्त, लब्ध सुवर्णपदक
दैवज्ञ महर्षि पं० भोजराज द्विवेदी
संपादक "अज्ञातदर्शन" पाक्षिक ज्योतिष पत्रिका
एम० ए०, संस्कृत, दर्शन, रिसर्च स्कालर ज्योतिष

प्रकाशक :

डायमंड बुक्स

प्रकाशक : डायमंड पॉकेट बुक्स (प्रा.) लि.
X-30 ओखला इंडस्ट्रियल एरिया, फेज-II
नई दिल्ली-110020
फोन : 011-40712200
ई-मेल : wecare@diamondbooks.in
वेबसाइट : www.diamondbooks.in
संस्करण : 2025
मुद्रक : रेप्रो (इंडिया)

Jyotish Aur Rajyog
By : Pt. Bhojraj Dwivedi

दो शब्द

पिछले एक हज़ार वर्षों से फलित ज्योतिष में 'योगों' को लेकर रचनात्मक काम नहीं हुआ। ज्योतिष की प्राचीन पुस्तकों में राजयोग इधर-उधर बिखरे मिलते हैं, उनका कोई अनुक्रम नहीं, सिमिट्री या विस्तृत व्याख्या नहीं। हजारों वर्ष पूर्व लिखे गए राजयोगों का आधुनिक धरातल के परिप्रेक्ष्य में रूपांतरण नहीं हुआ। राजयोग में वर्णित चक्रवर्ती सम्राट, राजराजेश्वर, महाराजाधिराज के युग अब समाप्त हो गए। उनकी जगह राष्ट्रपति, प्रधानमंत्री, कैबिनेट मिनिस्टर, राज्यमंत्री, सांसदों एवं विधायकों ने ले ली है। इसी प्रकार गजयोग, अश्वयोग, रथयोग की जगह डीलक्स बस, ऐंबेस्डर, मारुति 1000, फियेट कार व हीरो होंडा वगैरा ने ले ली है। ज्योतिष योगों का आधुनिकीकरण आवश्यक हो गया है।

अब राजाओं के राज समाप्त हो गए तथा प्रत्येक सुसंपन्न, समृद्धशाली व्यक्ति, जिसके पास निजि बंगला, बड़ा खेत, नौकर-चाकर, उच्च दर्जे का वाहन, अच्छा बैंक-बैलेंस एवं आगे बढ़ने की तीव्र महत्त्वकांक्षा है, वह वस्तुतः एक राजा के समान ही सौभाग्यशाली व्यक्ति कहा जा सकेगा। इसी परिप्रेक्ष्य में हमें इस पुस्तक के वर्णित राजयोगों को समझना होगा।

इस पुस्तक में अलग-अलग लग्नों में पड़ने वाले विभिन्न राजयोगों को पाठकों की सुविधा हेतु लग्नानुसार विभाजित किया गया है। कौन-से ग्रह व्यक्ति को राजनीति की ओर मोड़ते हैं। राजनेता, विधायक, सांसद, मंत्री, मुख्यमंत्री, प्रधानमंत्री एवं राष्ट्रपति के सर्वोच्च पद पर व्यक्ति किन-किन योगों के कारण पहुंचता है, इसका विवेचन भी उदाहरण कुंडलियों सहित इस पुस्तक में पहली बार पाठकगण देख पाएंगे। एक लघु पुस्तिका में सारी बातें आ पाना संभव नहीं है क्योंकि '**राजयोग**' का विषय अत्यंत गहन एवं विशाल है। फिर भी विशाल तर्कराशि से उत्पन्न सारभूत नवनीत की तरह इस पुस्तक में 154 प्रकार के प्रमाणिक राजयोगों पर चर्चा की गई है। जिसका मुख्य आधार 'सारावली' नामक प्राचीन ज्योतिष ग्रंथ है। नीच के ग्रह भी '**नीचभंगराजयोग**' की सृष्टि करते हैं। इसकी चर्चा पुस्तक की भूमिका में विस्तार से की गई है। देश के विभिन्न भागों में फैले हुए ज्योतिषी वर्ग यदि अपने अनुभव के आधार पर इन योगों की युक्तता-अनुपयुक्तता पर प्रकाश डालेंगे तो निश्चय ही ज्योतिष शास्त्र को एक नई गति व दिशा मिलेगी। इस दृष्टि से इस पुस्तक में प्रयुक्त सामग्री अमूल्य है।

—प्रकाशक

अनुक्रम

राजयोग—एक चिंतन

ज्योतिषशास्त्र में योगों का विशेष स्थान है। ये योग अनेक प्रकार के होते हैं; ये योग दृष्टी-युति तथा अन्योन्याश्रय के संबंध से प्रत्यक्ष फल के प्राप्त होने में एक क्रांतिकारी विप्लव या परिवर्तन उत्पन्न कर देते हैं, जो कि सर्वसाधारण ज्योतिषियों को तुरंत समझ में न आ सकने के कारण ग्रहों का फलादेश कुछ से कुछ हो जाता है।

इसलिए यह आवश्यक हो जाता है कि दरिद्र, प्रव्रज्या, राजयोगादि का वर्णन कर इस कठिन उलझन को सुलझाने का सफल प्रयत्न किया जाए ताकि सभी पाठक या ज्योतिष में रुचि रखने वाले व्यक्ति पर्याप्त लाभ उठा सकें। ये उपर्युक्त सभी योग 'यथा नाम तथा गुणा:' की कहावत को पूर्णरूप से चरितार्थ करते हैं। इन योगों का वर्णन अनेक ग्रंथों में अनेक प्रकार से मिलता है जिनमें राजयोगों को विशेष रूप से महत्त्व दिया गया है। इसलिए हम इस पुस्तक में महत्त्वपूर्ण राजयोगों का वर्णन कर रहे हैं।

प्राचीन ज्योतिष ग्रंथों में 32 प्रकार के राजयोगों का वर्णन मिलता है। जिस मनुष्य के जन्म-पत्र में 32 प्रकार के सभी योग पूर्ण रूप से ज्योतिषशास्त्र के कथनानुसार घटित हो जाते हैं, वह मनुष्य चक्रवर्ती सम्राट होता है, जिनमें नीचभंग राजयोग भी अपना विशेष स्थान रखते हैं। ये राज योग शुभ ग्रहों से शुभ स्थानों में, शुभ राशि, शुभभावेश की दृष्टि, युति, अन्योन्याश्रय योग से उत्पन्न होते हैं, जो कि विचार की गहरी दृष्टि से प्रत्यक्ष दिखाई दे जाते हैं। सर्वसाधारण ज्योतिषियों को इनका आभास भी नहीं होता है। इसलिए हम सर्वप्रथम **'नीचभंग राजयोग'** का वर्णन कर बाद में अन्य राजयोगों का वर्णन करेंगे। यह तो सभी ज्योतिष के कार्य करने वाले भली-भांति जानते

हैं कि कोई भी शुभ-से-शुभ, पाप-से-पाप तथा क्रूर-से-क्रूर ग्रह, नीच या अस्त होने पर अपने फल की हानि करता है। नीच ग्रह वे होते हैं जो अपने उच्च से सप्तम स्थान में बैठे होते हैं और सूर्य के साथ बैठने से बुध को छोड़कर सभी ग्रह प्रभावहीन या अस्त कहलाते हैं। अर्थात् सूर्य के साथ होने से प्रत्येक ग्रह का प्रभाव न्यून हो जाता है जिससे शुभ ग्रह की सौम्यता, पाप ग्रह की पाशविकता और क्रूर ग्रहों की क्रूरता धूमिल हो जाती है और सौम्य ग्रह अशुभ तथा पाप-क्रूर ग्रह कुछ शुभ फल करने लगते हैं। इसी प्रकार नीच भंग होने पर भी शुभाशुभ ग्रहों के फलों में भारी परिवर्तन आ जाता है।

नीचभंग राजयोग

नीचस्थितो जन्मनि यो ग्रहः स्यात्, तद्राशिनाथश्च तदुच्चनाथः।
भवेत्त्रिकोणे यदि केन्द्रवर्ती राजा भवेद्धार्मिकचक्रवर्ती॥

—लग्नचंद्रिका

जिसके जन्म समय में जो भी ग्रह अपनी नीच संज्ञा वाली राशि में स्थित हो या बैठा हो, यदि उस राशि का स्वामी और उसकी उच्च संज्ञा राशि का स्वामी त्रिकोण (5-9) या केंद्र (1,4,7,10) में बैठा हो तो वह मनुष्य राजा होता है या फिर चारों दिशाओं में भ्रमण करने वाला यशस्वी, धार्मिक नेता होता है। अर्थात् देश-विदेश में दार्शनिकता के लिए यश प्राप्त करता है (ये नीच भंग यदि तीन या चार ग्रहों के एक ही जन्म-पत्र में पड़ जाएं तो अवश्य ही उपर्युक्त फल के द्योतक होते हैं। ऐसा व्यक्ति राजा के समान ऐश्वर्य भोगने वाला राष्ट्रपति, उपराष्ट्रपति, प्रधानमंत्री, मंत्री या फिर उच्च पदस्थ राजपंडित, दार्शनिक, योगी शंकराचार्य, धार्मिक व्यक्ति—स्वामी विवेकानंद की तरह होता है। एक मात्र नीचभंग से केवल धार्मिक प्रवृत्ति की बाहुल्यता ही पाई जाती है।

नीचस्थितो जन्मनि यद् ग्रहस्य तद्राशिनाथश्चः यदुच्चनाथः।
यदि केन्द्रवर्ती भवेत्रिकोणे दूषितफलं तद् ग्रहो न विद्यते॥

—प्रकीर्ण

जो ग्रह किसी जन्मपत्र में नीच राशि में बैठा हो, यदि उस राशि का स्वामी और उसका उच्च का ग्रह केंद्र और त्रिकोण (1,4,7,0, 5,9,) में से किसी भी एक या दोनों ही पृथक्-पृथक् बैठे हों, तो उस जन्मपत्र वाले मनुष्य नीचस्थ का ग्रह का दूषित फल हानिकारक नहीं होता है बल्कि यह नीचभंग कुछ लाभदायक ही रहता है तथा एक नवीन राजयोग की सृष्टि करता है।

प्रत्यक्ष रूप से देखने में अभी तक यही आया है और अनुभव का सार भी यही है कि सभी शुभाशुभ ग्रह समय पर केंद्र और त्रिकोण में अन्योन्याश्रय से राजयोग कारक हो जाते हैं। जन्म कुंडली के सभी स्थान राजयोगकारक स्थान नहीं होते। चाहे

उनमें कितने ही सौम्य ग्रह अपनी प्रभा से युक्त ही क्यों न बैठे हों। इनमें त्रिक (6,8,12) स्थान बहिष्कृत से ही रहते हैं और उपर्युक्त स्थानों में भी (1,2,5,9,10,11) इन स्थानों का महत्त्वपूर्ण फलादेश मिलता है जैसा कि पाठकों को आगामी श्लोक से प्रत्यक्ष रूप से दृष्टिगोचर होने लगेगा।

नीचस्थो रिपुराशिस्थः खेटो भावविनाशकः।
मूलस्वतुङ्गमित्रस्थो भाववृद्धिकरो भवेत्॥ *—जातकपारिजात*

जो भी ग्रह नीच (अस्त) शत्रु राशि का जन्मपत्र में होता है, वह अपने स्थान के फल का नाश करता है और जो ग्रह केंद्र त्रिकोण में स्वगृही उच्च तथा मित्र राशि का होता है, वह अपने स्थान के फल की वृद्धि करता है।

नीचस्थितो जन्मनि यो ग्रहः स्यात्तद्राशिनाथोऽथ यदुच्चनाथः।
स चेद्विलग्नाद्यदि केन्द्रवर्ती राजा भवेद्धार्मिकचक्रवर्ती॥

—सर्वार्थचिंतामणि

जन्मपत्र में जो ग्रह नीच राशि में है, उस राशि का स्वामी तथा उसके उच्च राशि का स्वामी केंद्र (1,4,7,10) त्रिकोण (5-9) में बैठा हो, वह मनुष्य राजा होता है या धार्मिक होता है। (चक्रवर्ती यहां राजा शब्द का विशेषण नहीं है। अतः सम्राट नहीं कह सकते हैं।)

नीचस्थितो जन्मनि ये ग्रहेन्द्राः स्वोच्चांशगा राजसमानभाग्याः।
उच्चस्थिता चेदपि नीचभागा ग्रहा न कुर्वन्ति तथैव भाग्यम्॥

जन्मपत्र में जो नीच ग्रह अपने उच्चांश में (बली) हों, तो राजा के समान ऐश्वर्य या सुख-संपत्ति या धन-धान्य प्रदान करते हैं और उच्च के ग्रह अपने नीचांशों में होने पर उनके विपरीत फल प्रदान करते हैं। अर्थात् नीचांशों पर उच्च ग्रह अशुभ फल प्रदान करते हैं। ज्योतिषियों को उच्च ग्रह देखकर प्रसन्नता से शुभ फल ही न कहने चाहिएं बल्कि नीचांश पर उच्च ग्रहों का अशुभ फल कहना ही उचित है।

निशाकरे केन्द्रगते विलग्नं त्यक्त्वा त्रिकोणे यदि जीवदृष्टे।
शुक्रेण दृष्टे बलपूर्णयुक्ते जातो नरो भूपतितुल्यभाग्यः॥

—प्रकीर्ण

जिस मनुष्य का पूर्ण बली चंद्रमा लग्न को छोड़कर शेष केंद्र या त्रिकोण (4-7-10-5-9) में यदि पूर्ण बली शुक्र या बृहस्पति से पूर्ण दृष्ट हो, तो वह मनुष्य राजा के समान भाग्यवान् होता है अर्थात् सुख से ऐश्वर्यमय जीवन व्यतीत करने वाला होता है।

चेत्खेचरो नीचगृहं प्रयातस्तदीश्वरश्चापि तदुच्चनाथः।
केन्द्रास्थितो तौ भवतः प्रसूता प्रकीर्तितौ भूपतिसम्भवाय।

—जातकाभरण

जिस जन्म-पत्र में जो भी ग्रह नीच का पड़ा हो, यदि उस राशि का स्वामी और नीचस्थ ग्रह का उच्चाधिपति केंद्र (1,4,7,10) में बलवान् बैठा हो तो मनुष्य ऐश्वर्यवान्, धन-धान्य से युक्त राजा या राजा के समान आधुनिक युग का कैबिनेट मंत्री के समान बड़ा प्रभावशाली व्यक्तित्व वाला होता है।

नीचग्रहेशोच्चेशः केन्द्रे नृपतुल्यः। *—जातकतत्त्व*

जिसका नीचस्थ ग्रह राशिपति यदि उच्च का होकर केंद्र में बैठा हो तो वह मनुष्य राजा के समान ऐश्वर्यशाली होता है।

नीचगा स्वोच्चाशगाः नृपतुल्यः। *—जातकतत्त्व*

नीचस्थ ग्रह यदि अपने उच्चांश राशि के नवांश में हो तो मनुष्य राजा के समान होता है।

नीचे जीवेऽङ्गे धर्मपे रन्ध्रे शुभांशे नृपतुल्यः॥ *—जातकतत्त्व*

मकर राशिगत नीचस्थ बृहस्पति लग्न में हो और नवमेश, अष्टमभावगत शुभ राशि के नवांश में स्थित हो, तो भी मनुष्य राजा के समान ही होता है।

नीचस्थितो जन्मनि ये ग्रहेन्द्राः स्वोच्चांशगा राज्यसमानभाग्याः।
उच्चस्थिता चेदपि नीचभागा ग्रहा न कुर्वन्ति तथैव भाग्यम्॥

जन्मपत्र में जो ग्रह नीच के बैठे हों, यदि वे नवांश में उच्च के हो जाएं, तो ऐसे योग वाले मनुष्य राजाओं के समान भाग्यशाली होते हैं, इसके प्रतिकूल जो ग्रह अपनी उच्च राशि पर हों और नवांश में नीच के हो जाएं, तो ऐसे योग वाले मनुष्य प्रत्यक्ष में शुभ ग्रह होते हुए भी भाग्यहीन ही रहते हैं।

नीचङ्गतो जन्मनि यो ग्रहः स्यात्तद्राशिनाथोऽपि तदुच्चनाथः।
सचन्द्रलग्नाद्यदि केन्द्रवर्ती राजा भवेद्धार्मिक-चक्रवर्ती॥

—जातकशिरोमणि

जन्म समय जो ग्रह नीच राशि में हो, उस राशि का स्वामी अथवा उसकी उच्चराशि का स्वामी लग्न में हो या चंद्रमा से केंद्र (1,4,7,10) हो तो वह मनुष्य बड़ा ही धार्मिक चक्रवर्ती राजा होता है।

नीचस्थितग्रहनवांशपतौ त्रिकोणे, केन्द्रेऽथवा चरगृहे यदि जन्मलग्ने।
तद्भावपे चरगृहांशसमन्विते वा, जातो महीपतिरतिप्रबलोऽथवा स्यात्॥

नीच राशि में गए हुए ग्रह के नवांश का स्वामी केंद्र या त्रिकोण में हो या जन्म लग्न चर राशि में हो या लग्नेश चर राशि के नवांश में हो, तो वह मनुष्य प्रतापी राजा होता है।

कर्कलग्ने सुराचार्यो धर्मस्थो भृगुनन्दनः।
सप्तमे भूमिजः शौरी राजराजो भवेन्नरः॥

जिस मनुष्य का कर्क लग्न बृहस्पति से सुशोभित हो, शुक्र धर्म स्थान में विराजमान् हो, शनि और मंगल सप्तम स्थान में बैठे हों, तो वह मनुष्य सम्राट होता है। अर्थात् कहने का तात्पर्य यह है कि उच्च का गुरु लग्न में हो और उच्च का शुक्र भाग्य में हो, इसके अतिरिक्त उच्च का मंगल स्वगृही शनि के साथ सप्तम भाव में हो, तो मनुष्य राष्ट्रपति, प्रधानमंत्री या कोई और महत्त्वपूर्णमंत्री होता है। जिन देशों में राज्य-प्रथा है, वहां राजा का पुत्र उपर्युक्त ग्रह फलों से युक्त मनुष्य हो तो अवश्य ही राजा होता है (भारत में राजा, सम्राट्-प्रथा अब नहीं है)। पाठकों की सुविधा के लिए इसकी कुंडली बनाकर दिखाई जा रही है। शेष राजयोगों के लिए पाठक स्वयं परिश्रम कर अपने उद्देश्य की पूर्ति कर सकते हैं। कर्क का गुरु उच्च का होता है, मीन का शुक्र उच्च का होता है, मकर का मंगल उच्च का होता है और मकर का शनि स्वगृही होता है। इस प्रकार तीन ग्रह उच्च के हुए और एक ग्रह स्वगृही हुआ। जिसकी कुंडली अग्र प्रकार से है।

अब हम यहां मेष से लेकर मीन लग्न पर्यन्त राज-योग समझाने का प्रयत्न करेंगे। साधारणतः सभी मनुष्य राजयोग नाम-श्रवण से ही प्रफुल्लित हो जाते हैं। **'राजयोग'** शब्द प्राचीन काल में ज्यादा प्रचलित था क्योंकि उस समय दो-चार गांव का जमींदार भी राजा ही कहलाता था। प्राचीन काल में भारत सहस्त्रों रियासतों में विभक्त था और छोटे-बड़े सैकड़ों ही राजा होते थे, जो कि अपने राज्यवृद्धि के लिए नित्यप्रति लड़ते रहते थे। दिल्ली और अजमेर का स्वामित्व धारण करने वाला पृथ्वीराज चौहान उस समय चक्रवर्ती राजा या सम्राट कहलाता था किंतु अब यह बात नहीं है। **सभी रियासतें समाप्त हो गईं और राजा, महाराजा, राजराजेश्वर की जगह अब केवल राष्ट्रपति, उपराष्ट्रपति, प्रधानमंत्री, उपप्रधान मंत्री (मिनिस्टर) , सेक्रेट्री, डिप्टी सेक्रेट्री आदि बड़े आदमी ही शासन-सत्ता के कर्णधार माने जाते हैं। उच्चादि ग्रह अपना फल दिए बिना तो नहीं रहते। इसलिए उन ग्रहों के प्रभावस्वरूप मनुष्य राजा, सम्राट न होकर राष्ट्रपति से लेकर जिलाधीश तक अच्छे सरकारी प्रशासक या नौकर बन जाते हैं।** राजाओं के राज समाप्त हो गए, अब प्रत्येक सुसंपन्न, समृद्धशाली व्यक्ति

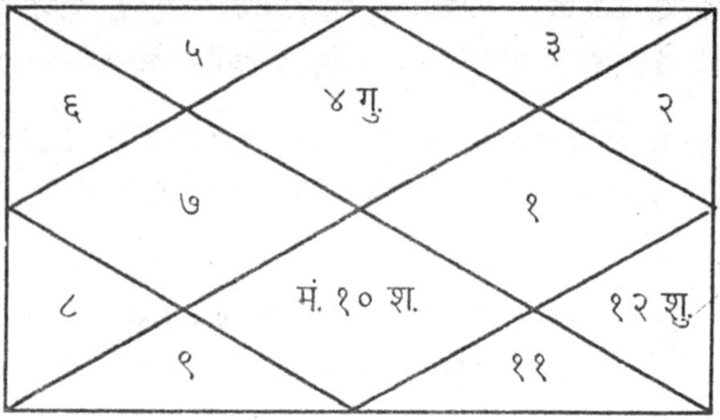

जिसके पास निजी बंगला, बड़ा खेत, नौकर-चाकर, उच्च दर्जे का वाहन, अच्छा बैंक बैलेंस एवं आगे बढ़ने की तीव्र महत्त्वाकांक्षा है, वह एक राजा के समान ही सौभाग्यशाली व्यक्ति कहा जा सकेगा। युग के प्रभाव से ग्रहों के फलादेश इसी प्रकार के देखने में आते हैं। ऐसे ही राजाओं की आपसी लड़ाई आजकल केवल आपसी मुकदमों की हारजीत एवं आर्थिक उठापटक तक ही सीमित रह गई है। इसलिए पाठकों को राजयोग तथा हार-जीत का फल समयानुसार विभिन्न रूप से समझना चाहिए।

भावेश द्वारा राजयोगों का विश्लेषण

यदि राजयोग होने से सभी मनुष्य राजा हो जाते तो आज सर्वत्र राजा ही राजा दृष्टिगोचर होते किंतु प्रकृति का नियम कुछ भिन्न है। अवस्था, जाति, वंश तथा घराने के अनुसार ही अधिकतर फल देखने में आता है। राजयोग न्यूनाधिक फल तो करते ही हैं तिस पर भी कुछ राजयोगों का प्रभाव अलौकिक तथा चमत्कारिक देखने में आता है जिनके प्रभाव से निर्धन वंश, नीच-से-नीच घराने में उत्पन्न हुआ बालक भी अपनी वंश-परंपरा को तोड़कर बहुत ऊंचा उठ जाता है और यशस्वी होकर ऐश्वर्यमय जीवन व्यतीत कर सर्व-साधारण को आनंदित करता हुआ सबका स्नेहभाजन बन जाता है। यद्यपि ये सभी बातें पूर्वसंचित शुभ कर्मानुसार ही होती हैं, फिर भी ग्रहों का प्रभाव ही माना जाता है। किसी अशुभ कर्मानुसार छोटे तथा निर्धन घर में अपने पूर्व संचित फल को भोगने के लिए जन्म हो जाता है, अवधि के समाप्त होने पर फिर अपने शुभ कर्मों का उपभोग करता हुआ वह मानव सभी को अच्छा लगता है और कुछ ईर्ष्या तथा कुछ द्वेष भी करने लगता है। यह विषय बड़ा ही गंभीर तथा विवेकपूर्ण है इसलिए राजयोगसंबंधी भाव, भावेश की स्थिति पर विवेकपूर्ण विचार करना चाहिए।

भाग्या राज्याधिपौ राज्ये भाग्ये वा यदि संस्थितौ।
राजयोगमवाप्नोति महतीं कीर्तिमश्नुते॥ —*प्रकीर्ण*

यदि भाग्येश राज्यस्थान (दशम) में हो और राज्येश भाग्य स्थान (नवम) में हो तो ऐसे योग में उत्पन्न हुआ बालक समय आने पर बहुत बड़ा प्रभावशाली राजपुरुष होता है और उसे अपने जीवन में अधिक यश प्राप्त होता है।

राज्यस्था यदि भाग्येशः राज्येशो भाग्यगो यदि।
राजयोगमवाप्नोति महतीं कीर्तिमश्नुते ॥ *—प्रकीर्ण*

उपर्युक्त फल का ही द्योतक है फिर भी कुछ लोग प्रथम श्लोक का अर्थ इस प्रकार से करते हैं कि राज्येश राज्य में और भाग्येश भाग्य स्थान में हो तो उसे राज्य के साथ-साथ अत्यधिक यश प्राप्त होता है। किंतु श्लोक स्पष्ट है कि भाग्याधिपौ राज्य राज्याधिपौ भाग्ये वा यदि संस्थितौ। यहां अधिकतर्क को स्थान न देकर पाठकों की इच्छा पर ही यह बात छोड़ देते हैं कि वे जैसे समय पर उचित समझें अपने अर्थ की पूर्ति कर फलादेश को यथेष्ट रूप से कहकर अपने भाव को स्पष्ट कर अपना कार्य सिद्ध कर लें। क्योंकि निम्नांकित श्लोक अपने अर्थ का स्पष्ट द्योतक है।

भाग्याधिपौ भाग्यगतो राज्येशो राज्यगो यदि।
राजयोगमवाप्नोति महतीं कीर्तिमश्नुते ॥ *—प्रकीर्ण*

यदि भाग्येश भाग्य स्थान में हो और राज्येश राज्य स्थान में हो तो इस प्रकार का राजयोग मनुष्य को बड़ी कीर्ति प्रदान करता है।

राज्येश-पंचमेशौ तु राज्ये वा पंचमेऽथवा।
स्थितौ राजयोगंच महतीं कीर्तिमश्नुते ॥

यदि राज्येश और पंचमेश, दोनों ही राज्य-स्थान अर्थात् लग्न से दशम में हों या दोनों ही लग्न से पंचम भवन में बैठे हों तो इस प्रकार जो राजयोग बनता है यह जातक को बड़ी ही कीर्ति (यश) दिलाने वाला होता है।

नवमभावपतिस्तनयालये सतपतिर्नवमे यदि जन्मिनः।
अतिविचित्रमणिव्रजमंडितौ वसुमती विभुतां स नरो व्रजेत् ॥

यदि किसी के जन्मपत्र में भाग्येश पंचम स्थान में हो और पंचमेश नवम स्थान में हो तो वह मनुष्य बहुमूल्य रत्नों तथा धन-धान्य युक्त राजा होता है, कहने का तात्पर्य यह है कि वह व्यक्ति आभूषणादि से युक्त धनवान्, संपत्तिशाली, भूमिधर या बड़ी संपत्ति का स्वामी और मालदार होता है।

कर्माधीशः सुतस्थाने सुतेश कर्मगो यदा।
त्रिकोणपतिना दृष्टो राजा भवति निश्चितम् ॥

जिसके जन्मपत्र में राज्येश पंचम स्थान में हो और पुत्रेश दशम स्थान में होतथा ये दोनों ही भाग्येश से दृष्ट हों तो वह मनुष्य निश्चय भाग्यशाली राजा होता है। (यहां राजा का अर्थ भाग्यशाली, भूमिधर या बड़े आदमी से है।)

राज्येशाङ्गपवाहनेश्सुतपा धर्मालये स्वामिना।
संयुक्ता यदि वीक्षिताश्च बलिनो राजा भवेन्मानव॥

जिस मनुष्य का राज्येश (दशमपति) लग्नेश, वाहनेश (चतुर्थपति), पुत्रेश (पंचमपति) बलवान् हो और साथ ही भाग्येश से दृष्ट तथा युक्त भी हों, केंद्र तथा त्रिकोण में उनकी युति या दृष्टि संबंध होने से वह मनुष्य राजा होता है अर्थात् वह बड़ा प्रभावशाली नेता होता है।

पुत्रेशो यदि धर्मयेन सहितो लग्नाधिपे नाङ्गगो।
दृष्टो वा सहित सुखेऽपि दशमे राजा भवेन्निश्चितम्॥

जिस मनुष्य का सुतेश (पंचमेश) यदि भाग्येश (नवमेश) तथा लग्नेश के साथ लग्न में हो या चतुर्थ में हो अथवा दशम में हो या उनसे दृष्ट हो, कहने का तात्पर्य यह है कि सुतेश का दृष्ट युति संबंध उपर्युक्त अधिपतियों से केंद्र (1,4,7,10) में हो तो वह मनुष्य राजा या बड़ा आदमी होता है।

यत्र कुत्रापिकेन्द्रेशस्त्रिकोणमतिना युतः।
सबलो मनुजो राजा दुर्बलो धनपो भवेत॥

जिस मनुष्य का केंद्रेश (1,4,7,10) के अधिपति यदि त्रिकोणेश (5,9 स्थान के अधिपतियों) से बलवान् होकर (केंद्र + त्रिकोण, 1,4,7,10,5,9) मिलते हों तो मनुष्य राजा होता है, बलहीन होने पर मनुष्य साधारणतः धनिक ही रहता है।

पुण्यस्थाने गुरुक्षेत्रे दशमे भृगुणा युते।
पंचमस्वामिना दृष्टे राजपुत्रो नराधिपः॥

जिसका लग्नेश भाग्य या राज्य स्थान में उच्च के शुक्र (मीन राशि) युक्त हो और सुतेश से दृष्टिगत हो तो राजा के पुत्र को ही राज्य की प्राप्ति होती है। अर्थात् किसी भी बड़े राजपुरुष के पुत्र को अपने पिता की संपत्ति प्राप्त होती है। फलतः राजनीति विरासत में मिलती है।

यदि किसी के जन्मपत्र में सूर्य, चंद्रमा, गुरु और शुक्र, चारों ही उच्च के होकर केंद्र या त्रिकोण में शत्रु दृष्टि से रहित होकर बैठे हों, तो वह मनुष्य बड़ा ही भाग्यशाली होता है।

यदि जन्मपत्र में एक भी शुभ ग्रह बलवान् उच्चांश पर उच्च का केंद्र में सूर्य से

युक्त तथा दृष्ट न हो, अशुभ दृष्टि से रहित हो किंतु पंचम स्थान स्थित बृहस्पति से दृष्ट हो तो वह मनुष्य को सौभाग्य प्रदान करता है ।

यदि कन्या का राहु राज्यस्थान में हो, तुला में उच्च का शनि लाभ स्थान में यदि भाग्येश से दृष्ट हो, तो लग्नेश के नीचस्थ ग्रह से युक्त होने पर भी मनुष्य सौभाग्यशाली ही रहता है ।

यदि उच्चांश पर उच्च का गुरु केंद्र या त्रिकोण में पाप ग्रहों से युक्त भी हो और शुक्र या बुध की पूर्ण दृष्टि उस पर हो तो मनुष्य विद्वान् भी होता है अर्थात् राजनीति का पंडित (खिलाड़ी) होता है ।

यदि समस्त शुभ ग्रह बलवान् होकर उच्च या स्वगृही होकर नीचास्त तथा अशुभ शत्रु ग्रहों की दृष्टि से रहित बैठे हों और पापग्रह त्रिक या एकादश में बैठे हों, तो मनुष्य भाग्यवान् होता है तथा राजा होता है ।

यदि नवमेश, चतुर्थ में और चतुर्थेश नवम भाव में हो, बृहस्पति और शुक्र मीन के दशम भाव में हों तो ऐसे योग वाला मनुष्य एक बहुत बड़ा राजपुरुष होता है ।

यदि शुभ स्वगृही दशमेश दशम स्थान में शेष केंद्रेशों के सहित, भाग्येश से युक्त बैठा हो तो मनुष्य बड़ा ही भाग्यशाली, ऐश्वर्यमय जीवन व्यतीत करने वाला धर्मात्मा होता है ।

यदि शुभ ग्रह लग्नेश, मित्र नवमेश ग्रह के साथ बैठा हो और धनेश, सुखेश और लाभेश अपने-अपने स्थान में सुशोभित हों, तो ऐसे मनुष्य को किसी वस्तु की कमी नहीं होती और सदा ही स्विच्छता वस्तुओं की प्राप्ति सुलभता से होती रहती है ।

यदि भाग्येश के नवांश का अधिपति बलवान् होकर केंद्र या त्रिकोण में शत्रु तथा अशुभ पापग्रहों की दृष्टि युति से रहित होकर अपने या स्वगृह में बैठा हो, तो ऐसे योगवाला मनुष्य राजा के समान पदवी वाला होता है ।

यदि समस्त केंद्रेश एक ही केंद्र में या सभी त्रिकोणेश, एक ही त्रिकोण में या एक ही त्रिकोण या केंद्र में बलवान् बैठे हों तो ऐसे योग वाला मनुष्य निश्चय रूप से बड़ा राजनेता होता है ।

यदि लग्न में पूर्ण चंद्र अस्त, नीच शत्रु राशि का न हो, इसी प्रकार चतुर्थ में गुरु, दशम में शुक्र और उच्च या स्वगृही शनि, (7,12) को छोड़कर चाहे कहीं भी हो, तो ऐसे योग वाला मनुष्य राजा के समान जीवन व्यतीत करता है ।

यदि केंद्रस्थ स्वगृही बृहस्पति बुध से दृष्ट या युक्त हो तो ऐसे योग वाला व्यक्ति राजनीति का प्रगाढ़ पंडित होता है, जो कि सर्वमान्य समझा जाता है ।

यदि भाग्येश शुभ ग्रह अपने मित्र चंद्रमा के साथ दूसरे घर में उच्च या स्वगृही

पाप दृष्टि युति-से रहित बैठा हो तो मनुष्य राज्यमान होता है।

यदि चंद्राधीश का नवांशपति, केंद्र त्रिकोण या लाभ (1,4,7,10,5,9,11) में बुध के साथ बैठा हो तो मनुष्य राजाओं द्वारा पूजित होता है।

यदि नवमेश अपने नवांशनाथ के साथ केंद्र में पंचमेश से दृष्ट या युक्त हो, तो ऐसे योग वाला मनुष्य राज्यपूजित होता है अर्थात् बड़ा सरकारी अफ़सर होता है।

यदि मीन राशि में शनि-राहु नवमेश से दृष्ट या युक्त केंद्र या त्रिकोण में बैठे हों और लग्नेश यदि नीच ग्रह से युक्त भी हो तो भी मनुष्य बड़ा आदमी होता है।

यदि लग्न में शनि, चंद्रमा, पंचम स्थान में गुरु, नवमें स्थान में सूर्य और दशम स्थान में उच्च का मंगल हो तो मनुष्य बहुत बड़ा आदमी होता है।

यदि मेष में गुरु, धन में शनि और चंद्रमा, दशम में राहु-शुक्र बैठे हों तो भी मनुष्य बहुत बड़ा राजनेता होता है और जब सभी ग्रह (2,6,7,12) स्थानों में विराजमान् हों तो भी मनुष्य बड़ा प्रभावशाली राजपुरुष होता है।

यदि सभी उच्च के अशुभ ग्रह केंद्रों में हों तो मनुष्य धनहीन होने पर भी विख्यात होता है। इसी प्रकार यदि धन का मंगल और शुक्र, मीन का गुरु, तुला का बुध तथा वृश्चिक का चंद्रमा और नीच का शनि हो, तो भी मनुष्य धन रहित, किंतु बड़ा नेता होता है।

लग्नाधिपोऽतिबलवान् शुभैरदृष्टः
केंद्रस्थितः शुभग्रहैरवलोक्यमानः।
मृत्युं विधूय विदधाति स दीर्घमायुः
सार्धं गुणैर्बहुभिरूर्जितराजलक्ष्म्या॥

यदि बलवान् लग्नेश अशुभ ग्रहों की दृष्टि (युति) से रहित होकर केंद्र में शुभ ग्रहों की दृष्टि से युक्त हो तो ऐसे योग वाला मनुष्य बड़ी प्रतिष्ठा वाला, अनेक शुभ गुणों से युक्त, धन, ऐश्वर्य के सुख से सुखी होता है।

धनेशे लाभसंयुक्ते लाभेशे धनलाभगे।
तावुभौ केन्द्रगौ वाऽपि धनवान् ख्यातिमान् भवेत्॥

जिस मनुष्य का धनेश (धन स्थानाधिपति) (लाभ) ग्यारहवें भाव में हो और लाभेश (एकादशेश) धन (दूसरे स्थान) में हो, या धनेश और लाभेश अन्योन्याश्रय हों या वे दोनों (धनेश और लाभेश) केंद्र में (बलवान्) बैठे हों तो ऐसे योग वाला मनुष्य अत्यंत धनी तथा प्रसिद्ध, प्रतिष्ठावान् यशस्वी होता है।

जिस मनुष्य का धनेश बलवान् होकर धनाभाव में या राज्यस्थान में शुभ दृष्टि,

अशुभ दृष्ट-युति तथा शत्रु राशि से रहित बैठा हो, तो वह अपने कमाए धन का सुख भोगने वाला होता है।

यदि सुखेश (चतुर्थेश, भाग्येश, नवमेश) दोनों ही दूसरे या एकादश स्थान में बली मित्र शुभ ग्रहों से दृष्ट या युक्त हों, तो मनुष्य जीवन भर अपने धन की अधिकता का सुख पूर्ण रूप से भोग करता है।

धर्मेश-लाभेश-धनेश्वराणामेकोऽपि शातद्युतिकेंद्रवर्ती।
स्वयं च लाभाधिपतिः गुरुषचेदखंडसाम्राज्यपतित्वमेति॥

यदि धर्मेश (नवम भाव पति-भाग्येश,) लाभेश (एकादश भावपति) धनेश्वर (दूसरे भाव का स्वामी), चंद्रमा से केंद्र (1,4,7,10) में हो, इसमें विशेषता और आ जाती है जबकि बृहस्पति स्वयं लाभेश (ग्यारहवें भाव का स्वामी) होकर उपर्युक्त योग को परिपूर्ण करता हो, तो निश्चयपूर्वक मनुष्य किसी बड़े राज्य के किसी जिले का अधिपत्य प्राप्त करता है। अर्थात् राज्य गवर्नर या राज्य मंत्री या जिलाधीश होता है। कहने का तात्पर्य यह है कि वह एक बड़ा प्रभावशाली राज्याधिकारी होता है।

यदि लग्नेश, धन या दूसरे स्थानों में शुभ ग्रह हों और लाभेश या एकादशेश गुरु से दृष्ट राज्य या दशम स्थान में हो तो मनुष्य धनवान् होता है तथा प्रभावशाली व्यक्तित्व वाला होता है।

यदि धनेश, भाग्येश और लाभेश, ये तीनों ही शुभ ग्रह हों और एक-दूसरे की दृष्टि-युति से पूर्ण मैत्री योग का निर्वाह बलपूर्वक करते हुए केंद्र स्थानों में अशुभ, नीचास्त से रहित हों तो मनुष्य अधिक धनवान् होता है।

यदि धनेश और भाग्येश दोनों ही केंद्र में, लग्नेश के नवांशपति से युक्त या दृष्ट हों तो ऐसे योग वाला मनुष्य आद्यांत धनवान् ही रहता है।

ज़िसके जन्मपत्र में वृष राशि का बृहस्पति, मिथुन का चंद्रमा, मकर का मंगल, सिंह का शनि, कन्या का सूर्य-बुध और तुला का शुक्र केंद्र या त्रिकोण में बलवान् बैठा हो, तो ऐसे योग में उत्पन्न हुआ मनुष्य निश्चय ही बहुत बड़ा राजपुरुष होता है।

जिसके धन राशि में शुक्र, मकर में बृहस्पति, कुंभ में सूर्य और मीन राशिगत मंगल बलवान् केंद्र या त्रिकोण में बैठा हो, तो वह मनुष्य निश्चय ही बड़ा राजनेता होता है।

यदि लग्न में कर्क का बृहस्पति, सप्तम में मकर का मंगल, नवम में मीन का शुक्र और मेष में उच्च का सूर्य दशम में और वृष का चंद्रमा एकादश में हो तो वह व्यक्ति निःसंदेह बहुत ही बड़ा आदमी, राजा के समान यशस्वी होता है।

जिसका भाग्येश लग्न में बैठकर भाग्य-स्थान को देखता हो और चतुर्थेश चतुर्थ में हो या चतुर्थ स्थान को देखता हो तो मनुष्य बड़ा ही धनी होता है।

जिसके दूसरे, पांचवें और नवम में, या एकादश में समस्त शुभ ग्रह बली बैठे हों तो मनुष्य धनवान् होता है । या लग्नेश शुभ ग्रहों से युक्त होकर केंद्र त्रिकोण में उच्च या स्वगृही बैठा हो, तो मनुष्य को धनवान् राजनीतिज्ञ बनाता है ।

यदि धनेश, लग्नेश शुभ ग्रह बृहस्पति से दृष्ट या युक्त होकर केंद्र या त्रिकोण में अपनी उच्च या स्वगृह या मित्र क्षेत्र में हों तो धनिक बनाते हैं ।

जिसका धनेश्वर केंद्र त्रिकोण में बलवान् होकर दशमेश से युक्त हो और लाभेश या पूर्ण बली चंद्रमा से दृष्ट हो तो वह बहुत धनवान् होता है ।

यदि लग्नेश, धनेश, चतुर्थेश, पंचमेश दशमेश और एकादशेश में से किसी भी चार, पांच या सभी अधीश्वरों का किसी न किसी रूप में भाग्येश से दृष्टि-युति शुभ ग्रह के साथ संबंध हो, तो मनुष्य को धनवान् बनाता है ।

जिसका भाग्येश और चतुर्थेश लग्न में बैठकर अपने-अपने घर को देखते हों, तो मनुष्य बहुत धनवान् होता है और यदि केंद्र त्रिकोण में लाभेश तथा धनेश शुभ ग्रह या ग्रहों से दृष्ट हों, और लाभ स्थान में शनि हो तो मनुष्य धनवान् होता है ।

वित्ताधीशे लग्नश लग्ननाथे वित्तस्थानेऽयत्नतो वित्तमेव।
यद्भावस्थौ लग्नवित्तेश्वरौ चेत तन्मूला तु द्रव्यवृत्तिनराणाम् ।।

—जातकपारिजात

जिसका धनेश (दूसरे भाव का स्वामी) लग्न में हो और लग्नेश (लग्न का स्वामी) दूसरे स्थान में (शुभ ग्रह बलवान्) बैठा हो, तो उसको परिश्रम या उद्योग किए बिना भी धन की प्राप्ति होती रहती है । इसके अतिरिक्त चाहे जिस भाव में भी लग्नेश और धनेश (मित्र राशि के होकर) एकत्रित ही बैठे हों, तो उस मनुष्य को उसी भाव के कारक द्वारा धन की प्राप्ति होती है ।

लनाधिपेगगेहगे कलेवरेशि कोशगे।
धनस्य लब्धिरीरिता तनूभृतामयत्नतः ।। *—ज्योतिषतत्त्व*

जिसका लग्नेश तृतीय स्थान में हो और तृतीयेश लग्न में हो तो वह मनुष्य बड़ा बहादुर, उद्यमी, पराक्रमी, क्रोधी, इष्ट-मित्र, भाई-बहनों के सुख से युक्त, अपने पराक्रम से धनोपार्जन करने वाला, शूर-वीर, उत्तम सैनिक, धन-धान्य से परिपूर्ण, भाग्यवान्, नाम तथा यश के लिए दान करने वाला, दो स्त्रियों से प्रेम करने वाला कुशल राजनीतिज्ञ होता है ।

जिसका लग्नेश चतुर्थ स्थान में हो और चतुर्थेश लग्न में हो तो वह मनुष्य विद्वान्, सरकारी नौकरी तथा खेती करने वाला, भूमिधर, धन-धान्य तथा माता के सुख से युक्त, स्निग्ध तथा उत्तम भोजन करने वाला, भाई-बंधुओं को प्रिय, माता की अचल

संपत्ति को पाने वाला, सुखी, धार्मिक प्रवृत्ति तथा विलासी होता है।

ज्योतिष में निदान की बड़ी प्रबल आवश्यकता रहती है। कई बार ऐसे प्रसंग आए कि पूर्णबली राजयोग होते हुए भी व्यक्ति को उसका लाभ नहीं मिल रहा है। हमने पाया कि ऐसे में बाधक ग्रह का उपाय करने से जातक को राजयोग फलने लगता है। इसीप्रकार से कई जन्म कुंडलियों में अधूरे-अपूर्ण भी राजयोग देखें। ऐसे में राजयोगकारक ग्रहों के रत्न पहनाने से जातक को बड़ा लाभ हुआ। केवल रत्न धारण ही काफी नहीं होता अपितु रत्नों को अभिमंत्रित करके तंत्रात्मक क्रिया से पहनना चाहिए, तभी लाभ मिलता है।

मेष लग्न और राजयोग

(1) पूर्ण मेष लग्न में जिसका जन्म हो और सूर्य लग्न में उच्च का हो, उच्च का गुरु कर्क के चतुर्थ भाव में बैठा हो, उच्च का मंगल मकर के दशम स्थान में हो, जातक राजा के समान ऐश्वर्य एवं वैभव को भोगता है ।

(2) मेष लग्न में सूर्य-गुरु के उच्च का होने पर तुला के शनि सप्तम में उच्च हो, तो जातक राजा के समान ऐश्वर्य एवं वैभव को भोगता है ।

(3) मेष लग्न में सूर्य-मंगल-शनि, तीनों ग्रह उच्च के हों तो जातक राजा के समान ऐश्वर्य एवं वैभव को भोगता है ।

(4) मेष लग्न में सूर्य, गुरु, मंगल और शनि, चारों ही उच्च के हों तो जातक राजा के समान ऐश्वर्य एवं वैभव को भोगता है ।

(5) मेष लग्न में सूर्य-गुरु उच्च हों और स्वगृही चंद्रमा गुरु के साथ हो, तो जातक राजा के समान ऐश्वर्य एवं वैभव को भोगता है ।

(6) मेष लग्न में सूर्य-शनि उच्च के हों, चंद्रमा स्वगृही हो, तो जातक राजा के समान ऐश्वर्य एवं वैभव को भोगता है ।

(7) मेष लग्न में सूर्य-मंगल उच्च के हों, चंद्रमा स्वगृही हो तो जातक राजा के समान ऐश्वर्य एवं वैभव को भोगता है ।

(8) मेष लग्न में सूर्य उच्च का, चंद्रमा स्वगृही हो तो जातक राजा के समान ऐश्वर्य एवं वैभव को भोगता है ।

(9) मेष लग्न में शुक्र स्वगृही, सूर्य-बुध के साथ मंगल उच्च का दशम हो तो जातक

राजा के समान ऐश्वर्य एवं वैभव को भोगता है ।

(10) मेष लग्न में उच्च का मंगल, नीच का सूर्य, बुध के साथ कर्क का शनि हो, तो जातक राजा के समान ऐश्वर्य एवं वैभव को भोगता है ।

(11) मेष लग्न में गुरु भाग्य स्थान में, सूर्य-बुध सप्तम में, मंगल रिपु भाव में हो तो जातक राजा के समान ऐश्वर्य एवं वैभव को भोगता है ।

(12) मेष लग्न में सूर्य, बुध, शुक्र सप्तम में, गुरु भाग्य स्थान में हो, तो जातक राजा के समान ऐश्वर्य एवं वैभव को भोगता है ।

(13) मेष लग्न में सूर्य-शुक्र सप्तम में, मंगल दशम में, शनि चतुर्थ में हो, तो जातक राजा के समान ऐश्वर्य एवं वैभव को भोगता है ।

(14) मेष लग्न में सूर्य सप्तम में, गुरु नवम में, मंगल दशम में, शनि चतुर्थ में हो तो जातक राजा के समान ऐश्वर्य एवं वैभव को भोगता है ।

(15) मेष लग्न में शुक्र-सूर्य सप्तम में, मंगल दशम में, गुरु पंचम भाव में हो, तो जातक राजा के समान ऐश्वर्य एवं वैभव को भोगता है ।

(16) मेष लग्न में सूर्य-शुक्र-शनि एकादश में और बृहस्पति पंचम स्थान में हो तो जातक राजा के समान ऐश्वर्य एवं वैभव को भोगता है ।

(17) मेष लग्न में सूर्य-शुक्र-बुध सप्तम में, शनि चतुर्थ में, हो तो जातक राजा के समान ऐश्वर्य एवं वैभव को भोगता है ।

(18) मेष लग्न में सूर्य-बुध सप्तम में, शनि एकादश में, गुरु पंचम में हो तो जातक राजा के समान ऐश्वर्य एवं वैभव को भोगता है ।

(19) मेष लग्न में सूर्य-बुध सप्तम में, शनि एकादश में, गुरु पंचम में हो, तो जातक राजा के समान ऐश्वर्य एवं वैभव को भोगता है ।

(20) मेष का मंगल लग्न में, उच्च का बृहस्पति चतुर्थ में हो, तो जातक राजा के समान ऐश्वर्य एवं वैभव को भोगता है ।

(21) मेष लग्न में शुक्र-बुध सप्तम में, मंगल दशम में बृहस्पति पंचम में हो तो जातक राजा के समान ऐश्वर्य एवं वैभव को भोगता है ।

(22) मेष लग्न में शुक्र-बुध सप्तम, शनि एकादश में, मंगल रिपु भाव गें हो, तो जातक राजा के समान ऐश्वर्य एवं वैभव को भोगता है ।

(23) मेष लग्न में बुध सप्तम में, मंगल दशम में, शनि एकादश में, गुरु पंचम में हो तो जातक राजा के समान ऐश्वर्य एवं वैभव को भोगता है ।

(24) मेष लग्न में बुध, शुक्र सप्तम में, शनि एकादश में, गुरु पंचम में हो, तो जातक राजा के समान ऐश्वर्य एवं वैभव को भोगता है ।

(25) मेष लग्न में सूर्य, बुध, शुक्र सप्तम में, मंगल दशम में, गुरु पंचम में हो तो जातक राजा के समान ऐश्वर्य एवं वैभव को भोगता है ।

(26) मेष लग्न में शुक्र सप्तम में, मंगल दशम में, शनि चतुर्थ में, बृहस्पति पंचम में हो तो जातक राजा के समान ऐश्वर्य एवं वैभव को भोगता है ।

(27) मेष लग्न मे सूर्य, बुध-शुक्र सप्तम में, मंगल दशम में, शनि एकादश में हो तो जातक राजा के समान ऐश्वर्य एवं वैभव को भोगता है ।

(28) मेष लग्न में सूर्य-शुक्र सप्तम में, गुरु नवम, मंगल दशम में, शनि चतुर्थ में हो तो जातक राजा के समान ऐश्वर्य एवं वैभव को भोगता है ।

(29) मेष लग्न में सूर्य-बुध सप्तम में, गुरु नवम में, शनि एकादश में, मंगल छठे स्थान में हो तो जातक राजा के समान ऐश्वर्य एवं वैभव को भोगता है ।

(30) मेष लग्न में सूर्य-शुक्र-बुध सप्तम में, मंगल दशम में, शनि चतुर्थ में, गुरु पंचम में हो तो जातक राजा के समान ऐश्वर्य एवं वैभव को भोगता है ।

(31) मेष लग्न में सूर्य-बुध-शुक्र सप्तम में, शनि एकादश में, गुरु पंचम में हो तो जातक राजा के समान ऐश्वर्य एवं वैभव को भोगता है ।

(32) मेष लग्न में शनि-बुध सप्तम में, शनि एकादश में, मंगल छठे भाव में हो या मेष का मंगल लग्न में हो तो जातक राजा के समान ऐश्वर्य एवं वैभव को भोगता है ।

(33) मेष लग्न में उच्च का बृहस्पति चतुर्थ में हो, या मेष का गुरु लग्न में, स्वगृही चंद्रमा चतुर्थ में, मकर का शुक्र दशम में हो तो जातक राजा के समान ऐश्वर्य एवं वैभव को भोगता है ।

(34) मेष का सूर्य गुरु लग्न में, मकर का मंगल दशम में तथा चंद्रमा, शुक्र और बुध का स्थान भाग्य-स्थान में हो तो जातक राजा के समान ऐश्वर्य एवं वैभव को भोगता है ।

(35) मेष लग्न में उच्च का सूर्य लग्न में, उच्च का गुरु चतुर्थ में, उच्च का शनि चंद्रमा के साथ सप्तम भाव में हो तो मनुष्य निश्चय ही बड़ा आदमी होता है और राजा का पुत्र एवं अपने पिता का राज्याधिपति पाता है ।

(36) मेष लग्न में उच्च का सूर्य, गुरु के साथ लग्न में हो, वृष का शुक्र दूसरे स्थान धन भाव में हो, शनि उच्च का तुला में, मंगल के साथ सप्तम स्थान में हो और मीन

का चंद्रमा बुध के साथ द्वादश भाव में हो तो मनुष्य भाग्यवान् तथा राज्य का स्वामी होता है।

(37) मेष का सूर्य लग्न में, वृष का चंद्रमा धन में, मिथुन का राहु परोक्रम में और कर्क का गुरु चतुर्थ में हो तो मनुष्य सरकारी नौकरी, अथवा बहुत बड़े पद को प्राप्त करता है।

(38) मेष लग्न हो, लग्न में ही चंद्रमा हो तथा चंद्र व मंगल की युति हो तो जातक अवश्य ही संसद सदस्य बनता है।

(39) मेष लग्न हो तथा सूर्य उच्च का (मेष में) हो। गुरु स्वराशिस्थ नवम भावस्थ हो एवं कर्मेश मंगल उच्च का अर्थात् मंगल मकर का हो तो जातक राज्यपाल बनता है।

(40) मेष लग्न हो तथा मंगल-गुरु का संबंध हो तो वह जातक केंद्रीय मंत्री बन कर, अनेक बार विदेश-यात्राएं करता है।

(41) मेष लग्न हो, लग्न में सूर्य, मंगल, शनि, केतु इनमें से कोई हो तथा गुरु भाग्य भवन में हो तो जातक अवश्य केंद्रीय मंत्री बनता है।

(42) मेष लग्न वाले जातक की कुंडली में 11 वें भवन में यदि चंद्रमा एवं गुरु हो, उन पर शुभ ग्रहों की दृष्टि हो तो जातक उच्च शासनाधिकारी बन कर मान पाता है।

(43) चंद्रमा लग्न में स्थित हो, शनि एकादश भाव में, सूर्य स्वराशिस्थ संतान भवन (5) में तथा गुरु मृत्यु भाव (8) में हो तो जातक उच्च पदासीन राजगुरु होता है।

(44) लग्नेश व राशीश लग्न में होकर 9 वें चंद्रमा हो तो जातक शासन में विरोधी दल का नेतृत्व करता है।

(45) मेष लग्नस्थ जातक को पापग्रह नहीं देखता हो तो भी जातक उच्च पद को प्राप्त करता है।

(46) मेष लग्न हो तथा क्रमशः मंगल हो, छठे बुध, व्यय भाव में शुक्र हो तो जातक एम०एल०ए बनता है।

(47) मेष स्थित चंद्रमा को गुरु पूर्ण दृष्टि से देखता हो तो जातक उच्च पद की प्राप्ति करता है।

(48) मेष लग्न हो तथा बुध चौथे, गुरु सातवें, शुक्र 10 वें भावस्थ हो तो जातक एम०पी० बनता है।

(49) मेष लग्न हो तथा समस्त शुभ ग्रह केंद्र में स्थित हों तो जातक राज्यपाल बनता है।

(50) मेष लग्न हो, चतुर्थेश चौथे एवं भाग्येश 10 वें हो एवं लग्नेश बलवान् हो तो जातक सेवा में उच्च पद की प्राप्ति करता है ।

(51) मेष लग्न हो, लग्नेश मंगल लग्न को देखता हो, भाग्येश गुरु, केंद्र या त्रिकोण में (5,9) हो तो जातक को उच्च पद की प्राप्ति होती है ।

(52) मेष लग्न हो, चतुर्थेश, पंचमेश अर्थात् सूर्य, चंद्र का योग हो तो प्रबल राजयोग बनता है ।

(53) जन्म लग्न मेष हो, मंगल लग्नाधिपति 5 वें घर में हो तो लग्नेश की दशा में निश्चय ही राजयोग, अभ्युदयादि होता है ।

(54) मेष लग्न में उच्च का बृहस्पति और मंगल तथा मेष लग्न में मंगल और बृहस्पति हो तो राजयोग होता है ।

(55) मेष लग्न में सिंह का सूर्य, बृहस्पति धनु का, कुंभ का शनि, वृष का चंद्रमा, वृश्चिक का मंगल, मिथुन का बुध, और मेष लग्न हो तो राजयोग होता है ।

वृष लग्न और राजयोग

(1) पूर्ण वृष लग्न में जिसका जन्म हो और पूर्ण चंद्रमा लग्न में उच्च का बैठा हो और साथ ही चार, पांच, छः ग्रह उच्च के, या स्वगृही, या मित्र क्षेत्री, शुभ नवांश में केंद्र त्रिकोण में बली हों तो जातक राजा के समान ऐश्वर्य एवं वैभव को भोगता है ।

(2) उच्च का चंद्रमा लग्न में, सिंह का सूर्य चतुर्थ में, कुंभ का शनि दशम में और वृश्चिक का बृहस्पति सप्तम स्थान में हो तो जातक राजा के समान ऐश्वर्य एवं वैभव को भोगता है ।

(3) वृष का चंद्रमा लग्न में हो, सिंह का सूर्य चतुर्थ भाव में हो, वृश्चिक का बृहस्पति सप्तम भाव में हो, कुंभ का शनि राज्य में हो तो जातक राजा के समान ऐश्वर्य एवं वैभव को भोगता है ।

(4) उच्च का चंद्रमा लग्न में, उच्च का गुरु भ्रातृ स्थान में, उच्च का बुध विद्याभवन में और उच्च का मंगल भाग्यस्थान में हो तो जातक राजा के समान ऐश्वर्य एवं वैभव को भोगता है ।

(5) वृष-मिथुन, बुध, कर्क का चंद्रमा, सिंह का सूर्य, वृश्चिक का मंगल, कुंभ का शनि, मीन का बृहस्पति और बुध का शुक्र हो तो जातक राजा के समान ऐश्वर्य एवं वैभव को भोगता है ।

(6) ये सभी ग्रह स्वगृही हैं, इनमें से यदि चार भी ग्रह स्वगृही बलवान् बैठे हों तो राजयोग करते हैं ।

(7) यदि वृष में बृहस्पति, मिथुन में चंद्रमा, मकर में उच्च का मंगल, सिंह में शनि, कन्या में बुध + सूर्य और तुला का शुक्र हो तो मनुष्य बहुत बड़ा राजनीतिज्ञ

होता है ।

(8) यदि वृष लग्न में स्वगृही शुक्र हो, मिथुन का चंद्रमा दूसरे स्थान में बलवान् हो और कर्क का गुरु अपने उच्चांश में तृतीय स्थान में हो तो मनुष्य बड़ा ही पराक्रमी, धनवान्, यशस्वी तथा आदरणीय होता है ।

(9) यदि लग्न में उच्च का चंद्रमा, चतुर्थ में स्वगृही सूर्य, सप्तम में वृश्चिक का गुरु और दशम में कुंभ का शनि हो तो मनुष्य पुलिस या सेना, नेवी आदि में निज पराक्रम से धन, यश, बड़े पारितोषिक पाता है ।

(10) यदि उच्च का चंद्रमा लग्न में, मिथुन का गुरु धन स्थान में, शनि या सूर्य छठे स्थान में, मीन का शुक्र एकादश स्थान में हो तो मनुष्य धनी व नेता होता है ।

(11) यदि शनि एवं बुध की युति अच्छे स्थान पर हो तो प्रबलतम राज योग होता है ।

(12) यदि चार ग्रह उच्च के हों या मूल त्रिकोण में हों तो जातक मंत्री या राज्यपाल होता है ।

(13) शुक्र, गुरु, बुध केंद्र में स्थित हों एवं मंगल 10 वें में हो तो जातक को उच्च पद प्राप्त होता है ।

(14) मूल त्रिकोण (5-9) में मंगल व शुक्र हो तो उच्च पद की प्राप्ति होती है ।

(15) शुक्र छठे भाव में, द्वादश में मंगल एवं चतुर्थ गुरु हो तो वह शासकीय उच्च पद की प्राप्ति करता है ।

(16) मेष का चंद्रमा हो तथा शुक्र पूर्ण दृष्टि से अर्थात् छठे भाव से देखता हो तो जातक चुनाव में विजय प्राप्तकर नेता बनता है ।

(17) केंद्र स्थानों पर पाप ग्रह तथा शुभ ग्रह स्वराशिस्थ हों तो जातक राजदूत का पद प्राप्त करता है ।

(18) लग्न में चंद्रमा हो तथा उस पर शुभ दृष्टि हो तो राज्य योग होता है ।

(19) शुक्र, सूर्य, चंद्रमा एक स्थान पर हों तथा गुरु उन्हें देखता हो तो विशिष्ट राजयोग होता है ।

(20) बुध सिंहस्थ, गुरु वृश्चिक का तथा शुक्र कुंभ का हो तो जातक एम०पी० का पद प्राप्त करता है ।

(21) मंगल कुंभ का हो तथा शनि अपनी उच्च राशि (तुला) में हो तो श्रीनाथ योग होता है । फलस्वरूप पारिवारिक जीवन सुखी, जातक धनवान् होता है तथा उच्च पद

की प्राप्ति करता है ।

(22) सूर्य-बुध सुख भवन में, शनि-चंद्र 10वें, मंगल वृष का हो तो जातक राजा के तुल्य ऐश्वर्य भोगता है ।

(23) वृष लग्न में जन्मकाल से लग्न में दशम स्थान में शनि हो तो जातक धनवान् विद्वान्, शूरवीर, मंत्री, दंड देने वाला (अर्थात् जज वगैरा) एक गांव या गांवों के समूह का नेता होता है ।

(24) वृष लग्न में जन्म समय में सिंह, वृष, कन्या, कर्क, इन चारों राशियों में से किसी में भी राहु हो तो जातक महाराजाधिराज और लक्ष्मी से संपन्न होता है । राहु उच्च में हो तो हाथी, घोड़ा, मनुष्य तथा नाव की सवारीवाला, जमीन वाला, पंडित और अपने कुल का श्रेष्ठ होता है ।

(25) वृष में गुरु, मिथुन में चंद्रमा, मकर में मंगल, सिंह में शनि, कन्या में बुध, सूर्य, तुला में शुक्र हो तो यह राजयोग होता है । इस योग में उत्पन्न महाराजा होता है ।

(26) वृष लग्न में वृष का (उच्च) चंद्रमा, कुंभ का शनि, सिंह का सूर्य, वृश्चिक का बृहस्पति हो, तो वैभवसंपन्न राजयोग होता है ।

(27) वृष लग्न में चंद्रमा परम उच्च (3 अंश के अंदर) हो और शुक्र से दृष्ट हो तथा आपोक्लिम स्थान में (3/6/12)सब पापग्रह स्थित हों तो राजयोग होता है ।

(28) वृष लग्न में वृष राशि का चंद्रमा बृहस्पति से युत हो और लग्न का स्वामी बलवान् त्रिकोण (9-5) में सूर्य शनि मंगल में युत अगर दृष्ट न हो तो राजयोग होता है ।

मिथुन लग्न और राजयोग

(1) मिथुन लग्न वाले मनुष्य के यदि लग्न में राहु और सिंह का मंगल पराक्रम स्थान में बैठा हो और उच्च या मेष का सूर्य एकादश स्थान में विराजमान् हो तो जातक राजा के समान ऐश्वर्य एवं वैभव को भोगता है ।

(2) लग्न में बुध, कर्क राशि का धन भाव में चंद्रमा, पराक्रम में सिंह का सूर्य और दशम में मीन का बृहस्पति हो तो जातक राजा के समान ऐश्वर्य एवं वैभव को भोगता है ।

(3) उच्च का गुरु दूसरे भाव में, उच्च का बुध चतुर्थ में और उच्च का सूर्य एकादश भाव में हो तो जातक राजा के समान ऐश्वर्य एवं वैभव को भोगता है ।

(4) उच्च का शनि स्वगृही शुक्र के साथ पंचम भवन में हो, स्वगृही बृहस्पति सप्तम में हो तो जातक राजा के समान ऐश्वर्य एवं वैभव को भोगता है ।

(5) स्वगृही सूर्य तृतीय स्थान में बैठा हो तथा उच्च का बृहस्पति स्वगृही चंद्रमा के साथ धन भाव में हो तो जातक राजा के समान ऐश्वर्य एवं वैभव को भोगता है ।

(6) उच्च का शनि स्वगृही शुक्र के साथ पंचम स्थान में हो और उच्च के सूर्य के साथ स्वगृही मंगल एकादश भवन में हो तो जातक राजा के समान ऐश्वर्य एवं वैभव को भोगता है ।

(7) उच्च का शुक्र दशम, उच्च का सूर्य एकादश, उच्च का बुध चतुर्थ और उच्च का शनि पंचम में हो तो राजयोग कराता है ।

(8) यदि मिथुन का शुक्र लग्न में हो, कर्क का स्वगृही पूर्ण चंद्रमा धन (दूसरे) स्थान में हो, सिंह का बृहस्पति तीसरे स्थान में हो तो मनुष्य अपने पराक्रम से धनी होता

है तथा कीर्ति पाता है ।

(9) सूर्य एकादश भाव में, मंगल मृत्यु भवन में हो, शनि उच्च का हो तथा बुध त्रिकोण में हो तो जातक अवश्य ही मंत्री बनता है या राज्यपाल होता है ।

(10) शुक्र, लग्नेश व दशमेश, दशम भाव में हो तो जातक अवश्य राज्य में उच्च स्थान प्राप्त करता है । हां, मंगल अवश्य ही 10 वें भावस्थ हो ।

(11) शुक्र पंचम भाव में, मंगल स्व का मेष में, गुरु द्वितीय भाव में हो तो जातक अवश्य ही शासन में उच्च पद को प्राप्त करता है ।

(12) लग्नेश-सप्तमेश की किसी केंद्र में युति हो तथा गुरु उसे देखता हो तो उत्तम राज्य योग होता है ।

(13) सभी ग्रह परमोच्च में हों तथा बुध अपने उच्च के नवांश में हो तो जातक देश का सर्वश्रेष्ठ राज पद संभालता है ।

(14) लग्न में बुध, गुरु, शुक्र, चंद्र की युति हो तथा उस पर पाप ग्रहों की छाया न हो तो जातक उच्च पद प्राप्त करता है ।

(15) बुध सुख भाव में, गुरु 10वें तथा शुक्र त्रिकोण (5वें) में हो तो जातक एम०एल०ए० होता है ।

(16) गुरु कर्क में तथा चंद्रमा वृष का हो तो जातक नेता बनता है ।

(17) गुरु या शुक्र उच्च का हो तथा वह चंद्रमा को पूर्ण दृष्टि से देखता हो तो जातक मंत्री बनता है ।

(18) शनि मिथुन का, गुरु स्व का सप्तम भाव में तथा शुक्र की उस पर पूर्ण दृष्टि हो तो व्यक्ति राज्य में उच्च पद प्राप्त करता है ।

(19) बुध, शुक्र व गुरु नवम भाव में हो तथा इन पर मित्र ग्रहों की दृष्टि हो तो जातक राजनीतिज्ञ बनता है ।

(20) गुरु द्वितीय भाव में तथा चंद्रमा धनु राशि का हो तो जातक को उच्च पद की प्राप्ति होती है ।

(21) शनि अपने कारक स्थान, गुरु, चंद्र के साथ 7वें स्थान में तथा बुध चतुर्थ भाव में हो तो जातक को उच्च श्रेणी की नौकरी प्राप्त होती है ।

(22) सुखेश, कर्मेश परस्पर स्थान परिवर्तन करते हों तो जमींदार योग बनता है ।

(23) लग्नेश बुध पंचम भाव में तथा शुक्र लग्न में हो तो महा राजयोग होता है ।

(24) बुध, गुरु, शुक्र क्रमशः 4,7,10वें स्थान में हों तथा अन्य ग्रह अन्यत्र हों तो जातक एम०पी० बनता है ।

(25) सभी ग्रह लग्न व त्रिकोणों में हों तो जातक सेनाध्यक्ष बनता है ।

(26) मिथुन लग्न हो, गुरु कर्क का, शनि, तुला व सूर्य मेष राशि का होने से नृप योग होता है । जातक उच्च शासकीय पद प्राप्त करता है । उदाहरणार्थ श्री मोरारजी देसाई की कुंडली देखें ।

(27) मिथुन लग्न में मीन का शुक्र यदि केंद्र (1/4/7/10) में बैठा हो तो विद्या, कला, बहुगुणों से शोभित कामधेनु के बराबर भोग से पूर्ण, सुंदर स्त्रियों के साथ विलास करने वाला, देश, नगर, देखने में व्यस्त राजा होता है ।

(28) मिथुन लग्न में द्वितीय स्थान में चंद्रमा, बुध, मेष में गुरु, दशम स्थान में राहु-शुक्र हो तो राजयोग होता है ।

(29) मिथुन लग्न में राहु, सिंह में मंगल हो तो इस योग में जातक घोड़ा, हाथी, रखने वाला राजा होता है ।

(30) मिथुन लग्न में जलचर राशि में छठा चंद्रमा हो, लग्न में उदित शुभग्रह और केंद्र में पापग्रह न हों तो राजयोग होता है ।

कर्क लग्न राजयोग

(1) पूर्ण कर्क लग्न वाले मनुष्य के यदि उच्च का बृहस्पति लग्न में हो, साथ ही उच्च का मंगल सप्तम भाव में, उच्च का सूर्य राज्य-स्थान में और उच्च का शनि मातृ-स्थान में हो तो जातक राजा के समान ऐश्वर्य एवं वैभव को भोगता है ।

(2) उच्च का बृहस्पति लग्न में हो, उच्च का शनि चतुर्थ हो और उच्च का सूर्य दशम में हो या उच्च का गुरु लग्न में हो, उच्च का मंगल सप्तम स्थान में हो तो जातक राजा के समान ऐश्वर्य एवं वैभव को भोगता है ।

(3) उच्च का गुरु लग्न में हो, उच्च का शनि चतुर्थ में हो और उच्च का मंगल सप्तम भाव में हो तो जातक राजा के समान ऐश्वर्य एवं वैभव को भोगता है ।

(4) उच्च का गुरु स्वगृही चंद्र के साथ लग्न में हो और उच्च का सूर्य दशम में हो तो जातक राजा के समान ऐश्वर्य एवं वैभव को भोगता है ।

(5) उच्च का गुरु स्वगृही चंद्र के साथ लग्न में हो और उच्च का शनि चतुर्थ स्थान में हो तो जातक राजा के समान ऐश्वर्य एवं वैभव को भोगता है ।

(6) उच्च का गुरु स्वगृही चंद्र के साथ लग्न में और उच्च का मंगल सप्तम स्थान में हो तो जातक राजा के समान ऐश्वर्य एवं वैभव को भोगता है ।

(7) उच्च का गुरु पूर्ण चंद्र के साथ लग्न में हो या कर्क का स्वगृही पूर्ण चंद्रलग्न में हो और उच्च का शनि चतुर्थ स्थान में हो तो जातक राजा के समान ऐश्वर्य एवं वैभव को भोगता है ।

(8) उच्च का बृहस्पति लग्न में हो एवं उच्च का सूर्य राज्य-स्थान में हो और बुध, शुक्र और शनि लाभ स्थान में हो तो जातक राजा के समान ऐश्वर्य एवं वैभव को

भोगता है ।

(9) उच्च का गुरु लग्न में और स्वगृही मंगल राज्य-स्थान में हो या उच्च का शनि चतुर्थ में हो, उच्च का मंगल दशम में हो और शुक्र सप्तम स्थान में हो तो जातक राजा के समान ऐश्वर्य एवं वैभव को भोगता है ।

(10) उच्च का गुरु लग्न में हो, उच्च का मंगल दशम में हो और स्वगृही शुक्र चतुर्थ भाव में हो तो जातक राजा के समान ऐश्वर्य एवं वैभव को भोगता है ।

(11) उच्च का गुरु लग्न में, स्वगृही शुक्र चतुर्थ में और स्वगृही शनि सप्तम में और उच्च का चंद्रमा एकादश स्थान में हो तो जातक राजा के समान ऐश्वर्य एवं वैभव को भोगता है ।

(12) सूर्य, चंद्रमा, शुक्र, तीनों उच्च के हों या गुरु उच्च का लग्न में और शुक्र-मेष का राज्य में हो, तो जातक राजा के समान ऐश्वर्य एवं वैभव को भोगता है ।

(13) उच्च का गुरु लग्न में, उच्च का सूर्य दशम में और चंद्र-बुध-शुक्र एकादश में हो, तो जातक राजा के समान ऐश्वर्य एवं वैभव को भोगता है ।

(14) तुला का शनि मंगल के साथ चतुर्थ स्थान में हो और राज्यस्थान में उच्च का सूर्य तीनों शुभ ग्रहों के साथ बैठा हो तो ऐसे योग में जन्मा मनुष्य बहुत बड़ी प्रतिष्ठा वाला होता है ।

(15) यदि कर्क का पूर्ण चंद्रमा स्वगृही लग्न में हो और स्वगृही मीन का बृहस्पति मित्र मंगल के साथ भाग्य या नवम स्थान में हो तो मनुष्य धन-धान्य से युक्त बड़ा आदमी होता है ।

(16) यदि कर्क लग्न में चंद्रमा और बृहस्पति हो, सिंह राशि में सूर्य, बुध और शुक्र दूसरे स्थान में हो, मकर का मंगल सप्तम स्थान में हो तो जातक राजा के समान ऐश्वर्य एवं वैभव को भोगता है ।

(17) मिथुन राशि का शनि बारहवें स्थान में हो या कर्क का चंद्रमा लग्न में हो, सूर्य, मंगल, गुरु और शुक्र सिंह राशि में दूसरे स्थान में हों, तो जातक राजा के समान ऐश्वर्य एवं वैभव को भोगता है ।

(18) मकर का शनि स्वगृही सप्तम स्थान में हो, मिथुन का स्वगृही बुध व्यय या द्वादश स्थान में हो, तो मनुष्य राजमान्य, बहुत बड़ा सरकारी नौकर होता है ।

(19) यदि लग्न में कर्क का गुरु चतुर्थ में, तुला का शुक्र सप्तम स्थान में, मकर का शनि दशम स्थान में मेष का मंगल हो तो मनुष्य बड़ा पराक्रमी, पुलिस, सेना में उच्चाधिकारी होता है ।

(20) शनि अपनी राशि का या मूल त्रिकोण या उच्च का होकर केंद्र में हो तो राज योग होता है । ऐसा जातक राजनीति विशारद, नगरपालिका अध्यक्ष या प्रसिद्ध नेता होता है तथा राजा तुल्य आनंद भी भोगता है ।

(21) नवमेश और चतुर्थेश परस्पर केंद्र में हो तथा लग्नेश बलवान् हो तो जातक शरीर से बलिष्ठ, वीर व दृढ़ चरित्र वाला होता है । मिलिट्री या सेना में उच्च पद प्राप्त करता है ।

(22) गुरु शत्रु भावस्थ हो तथा केतु से युति करे तो जातक बहुत ऐश्वर्यवान्, योग्य व राजनीतिपटु होता है ।

(23) शनि सुख भाव में, गुरु लग्न में लग्नेश के साथ, सूर्य उच्च का तथा मंगल मकर का हो तो उत्तमातोत्तम राजयोग होता है ।

(24) चंद्रमा व पंचमाधिपति मंगल का सप्तम भाव में योग या चंद्र, गुरु की युति अथवा लग्नेश, भाग्येश का योग राजयोग बनाता है ।

(25) चंद्रमा स्व का हो, मंगल तीसरे भाव में, बुध, शुक्र, गुरु का मेष पर दृष्टि हो तो जातक को अद्वितीय राज्य, ख्याति व पद प्राप्त होता है ।

(26) गुरु मंगल के नवांश में हो और उस पर मंगल की दृष्टि हो एवं मेष का सूर्य दशम भाव में स्थित हो तो जातक यशस्वी राजनीतिज्ञ होता है ।

(27) उच्च का गुरु केंद्र में तथा शुक्र कर्म भाव में हो तो जातक राजनीति में पटु होता है ।

(28) लग्न से गुरु केन्द्र में हो तथा केवल शुभ्र ग्रहों से दृष्ट या युक्त हो तथा अस्त, नीच या शत्रु राशि में न हो तो जातक मुख्यमंत्री बनता है ।

(29) कर्क लग्न के जन्म समय में सिंह, वृष, कन्या, कर्क इन चारों राशियों में से किसी में भी राहु हो तो जातक महाराजाधिराज और लक्ष्मी से संपंन होता है । राहु उच्च में हो तो हाथी, घोड़ा, मनुष्य तथा नाव की सवारी करने वाला, जमीन वाला, पंडित और अपने कुल का श्रेष्ठ होता है ।

(30) कर्क लग्न में दसवें में बुध, सूर्य हो और मंगल-राहु छठें में हों तो इस राजयोग में उत्पन्न जातक मनुष्यों में श्रेष्ठ होता है ।

(31) कर्क लग्न में लग्न से चतुर्थ में शुक्र और दशम में मंगल-सूर्य-शनिश्चर के साथ हो तो वह निशिचत राजा होता है ।

(32) कर्क लग्न में उच्च का बृहस्पति और मंगल तथा मेष लग्न में मंगल और बृहस्पति हो, तो राजयोग होता है ।

(33) कर्क लग्न में स्वराशि का पूर्ण चंद्रमा लग्न में, सप्तम में बुध, षष्ठ में सूर्य चतुर्थ में शुक्र, दशम में गुरु और शनि-मंगल तृतीय स्थान में हो तो वैभव संपन्न राजयोग होता है ।

(34) कर्क लग्न में कर्क का बृहस्पति, दशम में रवि, वृष में चंद्रमा, बुध, शुक्र हो तो जातक अपने बाहुबल से राजयोग प्राप्त करता है ।

(35) कर्क लग्न में शीर्षोदय राशि में (मिथुन, सिंह, कन्या, तुला, मकर) सब ग्रह हों और पूर्ण चंद्रमा स्वगृह का लग्न में शुभ ग्रह दृष्ट हो तो राजयोग होता है ।

सिंह लग्न राजयोग

(1) जिसका जन्म लग्न सिंह के पूर्णांश पर हो और लग्न में स्वगृही सूर्य पूर्णांश पर हो, गुरु स्वगृही पंचम स्थान में हो, उच्च का मंगल शत्रु भाव में हो, स्वगृही शनि स्त्री स्थान में हो और उच्चाभिलाषी चंद्रमा मेष का भाग्य स्थान में हो, तो जातक राजा के समान ऐश्वर्य एवं वैभव भोगता है ।

(2) सिंह लग्न में बृहस्पति, कन्या या नीच का शुक्र दूसरे या धन भाव में, मिथुन का शनि पराक्रम में और स्वक्षेत्रीय वृश्चिक का मंगल भी यदि चतुर्थ हो तो जातक राजा के समान ऐश्वर्य एवं वैभव को भोगता है ।

(3) उच्च का शुक्र, उच्च का मंगल तथा शनि-चंद्रमा कन्या के धनभाव में हो तो जातक राजा के समान ऐश्वर्य एवं वैभव को भोगता है ।

(4) सिंह का गुरु लग्न में हो और शेष सभी ग्रह पराक्रम या तृतीय, पंचम, छठे तथा द्वादश भाव में हों तो जातक राजा के समान ऐश्वर्य एवं वैभव को भोगता है ।

(5) लग्न में सूर्य तीसरे, शुक्र चतुर्थ में, मंगल तथा पंचम भाव में गुरु हो तो जातक राजा के समान ऐश्वर्य एवं वैभव को भोगता है ।

(6) भाग्य-स्थान में मेष का सूर्य, राज्य-स्थान में वृष का चंद्रमा, लाभ-स्थान में मिथुन का बुध और कुंभ का शनि सप्तम स्थान में हो, जातक राजा के समान ऐश्वर्य एवं वैभव को भोगता है ।

(7) उच्च का बुध धन स्थान में, धन का गुरु पुत्र भाव में, मेष का मंगल भाग्य स्थान में हो तो जातक राजा के समान ऐश्वर्य एवं वैभव को भोगता है ।

(8) वृष का शुक्र कर्म स्थान में हो तो जातक राजा के समान ऐश्वर्य एवं वैभव को भोगता है ।

(9) सिंह का सूर्य लग्न में, वृश्चिक का मंगल चतुर्थ में, कुंभ का शनि सप्तम और वृष राशि का शुक्र दशम में हो तो जातक राजा के समान ऐश्वर्य एवं वैभव को भोगता है ।

(10) सिंह का सूर्य लग्न में, धन का गुरु पंचम में, कुंभ का शनि सप्तम में, मेष का मंगल भाग्य-स्थान में और वृष का चंद्रमा राज्य-स्थान में हो तो जातक राजा के समान ऐश्वर्य एवं वैभव को भोगता है ।

(11) उच्च का सूर्य नवम स्थान में हो, उच्च का शनि तीसरे स्थान में हो, उच्च का मंगल छठे भाव में हो और वृष का स्वगृही शुक्र यदि दशम स्थान में हो तो मनुष्य बहुत बड़ा आदमी होता है ।

(12) यदि सिंह का स्वगृही सूर्य लग्न में पूर्णांश में बलवान् हो और धनु में गुरु स्वगृही, मंगल के साथ पंचम स्थान में हो तो मनुष्य बहुत धनवान् होता है ।

(13) यदि सिंह लग्न में स्वगृही सूर्य के साथ चंद्रमा और बृहस्पति बैठे हों, कन्या में उच्च का बुध नीच के शुक्र के साथ दूसरे स्थान में बैठा हो, स्वगृही कुंभ का शनि सप्तम में हो और कर्क में नीच का मंगल द्वादश स्थान में हो तो जातक राजा के समान ऐश्वर्य एवं वैभव को भोगता है ।

(14) सिंह का गुरु, शुक्र, स्वगृही सूर्य के साथ लग्न में हो, कन्या का बुध, मंगल के साथ दूसरे भाव में हो, कुंभ का स्वगृही शनि सप्तम स्थान में और कर्क का स्वगृही चंद्रमा द्वादश स्थान में हो तो मनुष्य का भाग्योदय विदेश में होता है ।

(15) यदि सिंह लग्न वाले मनुष्य के जन्मपत्र में मेष, उच्च का सूर्य भाग्य स्थान में हो, वृष में उच्च का चंद्रमा राज्य स्थान में हो और मिथुन का राहु लाभ स्थान में हो तो वह मनुष्य सुप्रसिद्ध राज्याधिकारी होता है । जातक राजा के समान ऐश्वर्य एवं वैभव को भोगता है ।

(16) यदि लग्न में सिंह का सूर्य हो, धन का गुरु पंचम हो, नवम स्थान में मेष का चंद्रमा, छठे स्थान में मकर का मंगल हो और सप्तम स्थान में कुंभ का शनि हो तो मनुष्य बहुत बड़ा आदमी बनता है ।

(17) लाभेश नवम भाव में दशमेश से युक्त हो तो जातक आई० ए० एस० आफिसर बनता है ।

(18) शुक्र कन्या का द्वितीय भाव में हो व लग्नेश मेष का हो तो जातक गुणी, राज्य पूज्य व उच्च शासनाधिकारी होता है ।

(19) नवमेश जहां स्थित हो, उसका नवांशेश चौथे या 5वें भाव में हो तो रुद्र योग होता है । जातक उच्च पद की प्राप्ति करता है ।

(20) गुरु कर्क का हो, गुरु का नवांशपति त्रिकोण में हो या उच्च का या स्वगृही हो, बलवान् हो और लग्नेश भी बली हो तो जातक राज्य में उन्नति करता है व दूसरों पर प्रभाव डालता है ।

(21) गुरु लाभेश का परमोच्च होकर द्वितीय स्थान में हो और दशमेश से दृष्ट हो तो भेरियोग होता है । जातक के पास कई हाथी, घोड़े हों, सज्जन उसके आश्रित रहें तथा 34वें वर्ष भाग्योदय होता है ।

(22) सिंह लग्न के जन्म-समय में सिंह, वृष, कन्या, कर्क इन चारों राशियों में से किसी में भी राहु हो तो जातक महाराजाधिराज और लक्ष्मी से संपन्न होता है । राहु उच्च में हो तो हाथी, घोड़ा, मनुष्य तथा नाव की सवारी करने वाला, जमीन वाला, पंडित और अपने कुल का श्रेष्ठ होता है ।

(23) सिंह में गुरु, तुला, कर्क, धनु, मकर में शेष सब ग्रह हों तो जातक प्रान्तपति होता है ।

कन्या लग्न राजयोग

(1) जिसका जन्म लग्न पूर्णांश पर कन्या हो, उसमें उच्च का बुध विराजमान् हो, चतुर्थ स्थान में गुरु-चंद्रमा और पंचम स्थान में शनि-मंगल हो तो जातक राजा के समान ऐश्वर्य एवं वैभव को भोगता है ।

(2) उच्च का बुध लग्न में, उच्च का मंगल शनि के साथ पंचम स्थान में, स्वगृही मीन का गुरु चंद्रमा के साथ सप्तम भाव में तथा मिथुन का शुक्र दशम स्थान में हो तो जातक राजा के समान ऐश्वर्य भोगता है ।

(3) मकर का शनि, मंगल के साथ पंचम स्थान में हो, मीन का शुक्र सप्तम में हो मिथुन का बुध दशम स्थान में हो और कर्क का बृहस्पति लाभ या एकादश स्थान में हो तो जातक राजा के समान ऐश्वर्य एवं वैभव को भोगता है ।

(4) उच्च का बुध लग्न में, स्वगृही शुक्र धनभाव में, वृश्चिक का मंगल पराक्रम या तीसरे स्थान में और धन का स्वगृही बृहस्पति चतुर्थ भाव में हो तो जातक राजा के समान ऐश्वर्य एवं वैभव को भोगता है ।

(5) उच्च का मंगल पंचम स्थान में, कुंभ का शनि छठे स्थान में, मीन का गुरु सप्तम स्थान में और वृष या उच्च का चंद्रमा भाग्य स्थान में हो, तो जातक राजा के समान ऐश्वर्य एवं वैभव को भोगता है ।

(6) मीन का गुरु सप्तम में, वृष का शुक्र नवम में, मिथुन का बुध दशम में तथा कर्क का चंद्रमा एकादश में हो तो जातक राजा के समान ऐश्वर्य एवं वैभव को भोगता है ।

(7) उच्च का शुक्र सप्तम में, उच्च का चंद्रमा नवम में, स्वगृही बुध दशम तथा उच्च

का गुरु एकादश में हो, तो जातक राजा के समान ऐश्वर्य एवं वैभव को भोगता है ।

(8) उच्च का बुध लग्न में, उच्च का शनि धन में, स्वगृही गुरु चतुर्थ में तथा उच्च का मंगल पंचम में हो तो जातक राजा के समान् ऐश्वर्य एवं वैभव को भोगता है ।

(9) उच्च का शनि धन में, स्वगृही गुरु सप्तम में, उच्च का चंद्रमा भाग्य स्थान में और मंगल स्वगृही, बुध दशम या राज्य-स्थान में हो तो जातक राज़ा के समान ऐश्वर्य एवं वैभव को भोगता है ।

(10) उच्च का शनि धन में, उच्च का चंद्रमा भाग्य स्थान एवं उच्च का गुरु लाभ-स्थान में हो, तो जातक राजा के समान ऐश्वर्य एवं वैभव को भोगता है ।

(11) उच्च का शुक्र सप्तम में हो या उच्च का बुध लग्न में हो, तीसरे भाव में स्वगृही मंगल के साथ सूर्य हो, कुंभ का स्वगृही शनि छठे स्थान में हो, तो जातक राजा के समान ऐश्वर्य एवं वैभव को भोगता है ।

(12) मीन का स्वगृही बृहस्पति सप्तम स्थान में हो तो उसके शत्रु दबे रहते हैं और वह स्वयं बड़ा आदमी होता है ।

(13) यदि कन्या लग्न में उच्च क़ा बुध हो, पंचम स्थान में मकर का मंगल या शनि हो, सप्तम स्थान में गुरु-चंद्रमा मीन राशि में हो और वृष राशि का शुक्र भाग्य स्थान में हो तो मनुष्य बहुत बड़ा राज्य कर्मचारी होता है वह जातक राजा के समान ऐश्वर्य एवं वैभव को भोगता है ।

(14) कन्या लग्न में बुध हो, मकर का मंगल पंचम में, शुक्र-मीन का सप्तम में, गुरु और चंद्रमा धन राशि के चतुर्थ स्थान में हो, तो मनुष्य बहुत बड़ा आदमी होता है ।

(15) कन्या लग्न हो तथा शुक्र-बुध यदि नवम भाव में या 10वें भाव में हों या दशमेश नवम भाव में व नवमेश 10वें भाव में या नवमेश नवम व दशम भाव में हो तो, चारों अवस्थाओं में उत्तम राजयोग होता है ।

(16) पंचमेश व दशमेश या तो पंचम स्थान में हो या दशम स्थान में अथवा परस्पर स्थान परिवर्तन हो या दोनों स्वगृही हों तो भी उत्तम राजयोग होता है ।

(17) दशमेश दशम भाव में हो, सूर्य उच्च का हो तथा 9वें भाव में गुरु हो, मीन राशि का चंद्रमा हो तो पूर्ण राजयोग होता है ।

(18) भाग्येश पंचम स्थान में हो तथा पंचमेश द्वितीय भाव में उच्च का हो और द्वितीयेश शुक्र अपनी उच्च राशि मीन में सप्तम स्थान में हो तो जातक गुणी होता है तथा उच्च पदाधिकारी होता है ।

(19) चंद्रमा 10वें स्थान में मिथुन राशि का हो, दशमेश बुध लग्न में हो तथा भाग्येश शुक्र द्वितीय स्थान में हो तो जातक धनवान्, भाग्यवान् व उच्च पदाधिकारी होता है।

(20) कन्या हो, उच्च का बुध, मंगल, शनि 5वें भाव में हो, चतुर्थ स्थान में चंद्रमा, गुरु व शुक्र हो तो श्रेष्ठ राजयोग होता है।

(21) लग्नेश उच्च का लग्न में, गुरु, शुक्र चतुर्थ भाव में अन्य ग्रह लग्न से द्वितीय, नवम या उपचय (3,6,10,11) में हो तो उत्तम राजयोग होता है।

(22) कन्या लग्न में बुध हो, शुक्र दशम में, सप्तम में बृहस्पति तथा चंद्रमा हो, लग्न से पंचम मंगल हो और शनि से युक्त हो तो राजयोग होता है।

(23) कन्या लग्न में मीन का शुक्र यदि केन्द्र (1/4/7/10) में बैठा हो, तो विद्या, कला, बहुगुणों से शोभित कामधेनु के बराबर भोग से पूर्ण, सुंदरी स्त्रियों के साथ विलास करने वाला, देश, नगर देखने में व्यस्त राजा होता है।

(24) कन्या लग्न के जन्म-समय में सिंह, वृष, कन्या, कर्क-इन चारों राशियों में से किसी में भी राहु हो तो जातक महाराजाधिराज और लक्ष्मी से संपन्न होता है। राहु उच्च में हो तो हाथी, घोड़ा, मनुष्य तथा नाव की सवारी करने वाला, जमीन वाला, पंडित और अपने कुल का श्रेष्ठ होता है।

(25) कन्या लग्न में दसवें में बुध सूर्य हो और मंगल राहु छठे में हो तो इस राजयोग में उत्पन्न जातक मनुष्यों में श्रेष्ठ होता है।

(26) कन्या लग्न में चंद्रमा लाभ स्थान में, शुक्र, बृहस्पति के साथ और मंगल उच्च का मकर राशि के शनि के साथ हो और लग्न में कन्या का बुध हो तो बहुत विद्वान् होकर राजयोग होता है।

(27) कन्या लग्न में धन का बृहस्पति चंद्रमा से युक्त, मकर का मंगल और लग्न में उच्च का शुक्र अथवा बुध हो, तो राजयोग होता है।

(28) कन्या लग्न में उच्च का बुध, मीन का बृहस्पति, मिथुन का चंद्रमा, मकर का मंगल-शनि, मिथुन का शुक्र हो तो वैभव संपन्न राजयोग होता है।

तुला लग्न राजयोग

(1) यदि तुला लग्न अपने पूर्णांश पर उच्च के शनि से युक्त हो और साथ ही उच्च का मंगल चतुर्थ स्थान में हो, उच्च का सूर्य सप्तम स्थान में हो और उच्च बृहस्पति दशम में अपने उच्चांश पर हो तो जातक राजा के समान ऐश्वर्य एवं वैभव को भोगता है।

(2) उच्च का शनि लग्न में, सप्तम में तथा उच्च का गुरु दशम में हो या उच्च का शनि लग्न में, उच्च का मंगल चतुर्थ में और उच्च का सूर्य सप्तम में हो तो जातक राजा के समान ऐश्वर्य भोगता है।

(3) उच्च का शनि लग्न में, उच्च का मंगल चतुर्थ में और उच्च का गुरु दशम में हो तो जातक राजा के समान ऐश्वर्य को भोगता है।

(4) उच्च का शनि लग्न में, उच्च का सूर्य सप्तम में और स्वगृही कर्क का चंद्रमा दशम में हो, तो जातक राजा के समान ऐश्वर्य भोगता है।

(5) उच्च का शनि लग्न में और उच्च का बृहस्पति स्वगृही चंद्र के साथ दशम में हो, तो जातक राजा के समान ऐश्वर्य एवं वैभव को भोगता है।

(6) उच्च का शनि लग्न में, उच्च का मंगल चतुर्थ और स्वगृही कर्क का चंद्रमा दशम में हो तो जातक राजा के समान ऐश्वर्य एवं वैभव को भोगता है।

(7) उच्च का मंगल चतुर्थ में स्वगृही शनि पंचम, उच्च का सूर्य सप्तम तथा स्वगृही बुध नवम स्थान में हो तो जातक राजा के समान ऐश्वर्य एवं वैभव को भोगता है।

(8) वृश्चिक का मंगल धन स्थान में, मकर का शनि चतुर्थ स्थान में, कर्क का चंद्रमा दशम स्थान में औरर सिंह का सूर्य एकादश या लाभ स्थान में हो जातक राजा के समान ऐश्वर्य एवं वैभव को भोगता है ।

(9) वृश्चिक का मंगल धन भाव में, मेष का सूर्य सप्तम भाव में, कर्क का बृहस्पति दशम में और उच्च का शनि लग्न में हो, तो जातक राजा के समान ऐश्वर्य एवं वैभव को भोगता है ।

(10) तुला लग्न में, शुक्र-शनि कर्क का, गुरु दशम में, कन्या का सूर्य द्वादश में बुध के साथ, मेष का मंगल सप्तम स्थान में, वृष का चंद्रमा अष्टम स्थान में पूर्ण हो तो मनुष्य बहुत बड़ा आदमी होता है ।

(11) गुरु तीसरे स्थान में हो, शुक्र ८वें स्थान में हो, शेष सभी ग्रह गुरु-शुक्र के मध्य हों तो यह एक उत्तम राजयोग होता है ।

(12) शुक्र, मंगल धन भाव में हो, गुरु मीन राशि में हो, तुला में बुध, शनि व चंद्रमा नीच के क्रमश: मेष व वृश्चिक में बैठे हों, तो यह निश्चित राजयोग होता है ।

(13) व्येश बुध 1, 2, 4, 5, 9, 10 भावों में से किसी भाव में हो तो उत्तम नौकरी का योग होता है ।

(14) लग्नेश व जन्म राशि का अधिपति केंद्र में हो तथा शुभ व मित्र ग्रहों से दृष्ट हो, शत्रु और पाप ग्रहों की दृष्टि न हो तथा जन्म राशि के स्वामी से चंद्रमा ९वें भाव में हो तो वह जातक एम०पी० या एम०एल०ए० होता है ।

(15) जन्म समय में सभी ग्रह योग कारक हों तो जातक राष्ट्रपति होता है । दो-तीन ग्रहों के योग कारक होने से राज्यपाल होने का योग बनता है । यदि एक ग्रह भी अपने पंचमांश में हो तो एम०एल०ए० योग होता है ।

(16) तुला लग्न हो तथा गुरु उच्च, त्रिकोण या स्वराशि में स्थित होकर चंद्रमा को संपूर्ण दृष्टि से देखता हो, तो जातक को निश्चय ही मंत्री पद प्राप्त होता है ।

(17) यदि गुरु, बुध, चंद्रमा 2, 5, 11वें भाव में हों, दो ग्रह षष्ट भाव में, शेष दो ग्रह सप्तम भाव में हों तो व्यक्ति राजदूत का पद प्राप्त करता है ।

(18) तुला लग्न हो तथा शुक्र द्वादश भाव में हो, शनि शत्रु भवन में हों, सूर्य चंद्र लग्न में हो, तो जातक खूब धन प्राप्त करता है तथा कुशल नीतिज्ञ मंत्री होता है ।

(19) सूर्य-शुक्र मकर राशि में चतुर्थ भाव में तथा चंद्र-शनि दशम भाव में हो, परस्पर दृष्टि डाल रहे हों तो जातक को उत्तम धनयोग व राजयोग होता है ।

(20) शनि प्रथम भाव में, मंगल उच्च का, सूर्य उच्च का 7वें भाव में हो, तो जातक राज्य

में उच्चातिउच्च पद प्राप्त करता है। यथा—मंत्री होता है।

(21) शनि षष्ठ भाव में नीच का हो पर वक्री व बलवान् हो, उस पर शनि की दृष्टि हो, सूर्य चंद्र लग्न में हों तो असाधारण राजयोग बनता है।

(22) लग्न की राशि तुला हो, चंद्र व शनि तथा शुक्र केंद्र स्थानों में हों, लग्नेश मकर राशि का हो, गुरु अष्टम भाव में हो, सूर्य व शुक्र की युति हो तो जातक राज्य में उच्च स्थान प्राप्त करता है।

(23) तुला लग्न के जन्म-काल में तुला, धनु, मीन व लग्न में शनि बैठा हो तो राजकुल में जन्म और राजा होता है।

(24) तुला लग्न में जलचर राशि में छठा चंद्रमा हो, लग्न में उदित शुभग्रह और केंद्र में पापग्रह न हो तो राजयोग होता है।

वृश्चिक लग्न राज योग

(1) यदि लग्न अपने पूर्णांश पर स्वगृही से युक्त हो, शनि और सूर्य से युक्त तथा उच्च के बृहस्पति से दृष्ट हो तो जातक राजा के समान ऐश्वर्य एवं वैभव को भोगता है।

(2) धन का गुरु धन भाव में, मंगल पराक्रम स्थान में, कुंभ का शनि चतुर्थ में और उच्च का शुक्र पंचम में हो तो जातक राजा के समान ऐश्वर्य एवं वैभव को भोगता है।

(3) उच्च का मंगल तीसरे स्थान में, मीन का बृहस्पति पंचम भाव में, स्वगृही शुक्र वृष के सप्तम में, कर्क का चंद्रमा नवम और सिंह का सूर्य दशम में हो तो जातक राजा के समान ऐश्वर्य एवं वैभव को भोगता है।

(4) मकर का शनि पराक्रम स्थान में, उच्च का बृहस्पति भाग्य स्थान में, उच्च का बुध लाभ स्थान में, वृश्चिक का मंगल लग्न में हो, तो जातक राजा के समान ऐश्वर्य एवं वैभव को भोगता है।

(5) स्वगृही मंगल लग्न में, स्वगृही शनि चतुर्थ में, स्वगृही शुक्र सप्तम में, स्वगृही चंद्रमा नवम में और स्वगृही सूर्य दशम में हो तो जातक राजा के समान ऐश्वर्य एवं वैभव को भोगता है।

(6) उच्च का मंगल तीसरे भाव में, उच्च का शुक्र पंचम स्थान में, उच्च का बृहस्पति नवम स्थान और उच्च का बुध एकादश में हो तो मनुष्य अधिक भाग्यवान् होता है।

(7) सूर्य, बुध तथा शुक्र-तीनों सप्तम स्थान में वृष राशि में स्थित हों, तो बुध की

महादशा जातक के जीवन की श्रेष्ठतम दशा होगी तथा इस समय उसे यश, ख्याति, सम्मान व कीर्ति प्राप्त होगी।

(8) सूर्य लग्न, चंद्र लग्न, लग्नेश तथा शुभ ग्रह द्वितीय, पंचमेश, गुरु सबकी परस्पर युति दृष्टि हो तथा जातक धनवान् एवं उच्च पदाधिकारी होता है।

(9) पाप ग्रहों से रहित गुरु केंद्र स्थान में हो, वह जातक सम्मान पाने वाला, दान तथा गुण पात्रों से परीक्षित, कलाओं की खान, गान विद्या एवं नृत्य कुशल, मंत्रियों का अधिपति और राजसभा के विचारों को जानने वाला होता है।

(10) वृश्चिक लग्न में दशवें में बुध-सूर्य हों और मंगल-राहु छठे स्थान में हो तो इस राजयोग में उत्पन्न जातक मनुष्यों में श्रेष्ठ होता है।

(11) वृश्चिक लग्न में दशम स्थान में गुरु, बुध, शुक्र, चंद्रमा हों तो जातक का सब कार्य सिद्ध होता है और वह राजमान्य होता है।

(12) वृश्चिक लग्न में द्वितीय स्थान में शुक्र, 10वें में गुरु और छठे स्थान में राहु हो तो जातक पराक्रमी राजा होता है।

(13) कन्या में राहु, शुक्र, मंगल, शनि हों तो जातक कुबेर से भी अधिक धनवान् होता है।

(14) वृश्चिक लग्न में दशम में बुध-सूर्य, छठे स्थान में राहु-मंगल हो तो इस राजयोग में उत्पन्न जातक मनुष्यों में श्रेष्ठ होता है।

(15) वृश्चिक लग्न में लग्नेश तृतीय अथवा सप्तम स्थान में अपने मित्र से युत, मित्र के घर में हो तो शत्रु रहित पृथ्वीपति होता है।

(16) वृश्चिक लग्न में, लग्न से चतुर्थ में शुक्र और दशम में मंगल-सूर्य-शनिश्चर के साथ हो तो वह निश्चित राजा होता है।

(17) वृश्चिक लग्न में, लग्न से पंचम, नवम, तृतीय घर में बृहस्पति, चंद्रमा और सूर्य हो तो वह मनुष्य धन में कुबेर के समान होता है।

(18) वृश्चिक लग्न में अपने घर सिंह में सूर्य, तुला में शुक्र और मिथुन में शनि हो तो भी राजयोग होता है।

(19) वृश्चिक लग्न में त्रिकोण में बुध, बृहस्पति, शुक्र हो और बुध-शनि क्रम से तीसरे-छठे स्थान में हों और सप्तम में पूर्ण बली चंद्रमा हो तो इस योग में जन्म लेने वाला राजा के समान होता है।

(20) वृश्चिक लग्न में बृहस्पति, शुक्र और चंद्रमा—ये तीनों मीन राशि के हों तो इस

योग में जन्म लेने वाले को राज्यप्राप्ति होती है और उसकी पत्नी अनेक पुत्र वाली होती है ।

(21) वृश्चिक लग्न में चंद्र राश्याधिपति नवम स्थान में हो और चंद्रमा लग्न में हो तो राजयोग होता है ।

धनु लग्न राजयोग

(1) यदि धन, लग्न अपने पूर्णांश पर हो जिसमें स्वगृही बृहस्पति अपने उच्चांश पर विराजमान् हो, उच्च या मीन का शुक्र चतुर्थ स्थान में हो और उच्च या कन्या का बुध दशम स्थान में हो तो जातक राजा के समान ऐश्वर्य एवं वैभव को भोगता है ।

(2) उच्च का या मकर का मंगल दूसरे या धन स्थान में हो, कुंभ का शनि पराक्रम या तीसरे स्थान में हो, मीन का स्वगृही बृहस्पति चतुर्थ स्थान में हो, उच्च का सूर्य पंचम स्थान में हो तो जातक राजा के समान ऐश्वर्य एवं वैभव को भोगता है ।

(3) धन, का स्वगृही बृहस्पति लग्न में हो, उच्च का मंगल स्वगृही शनि के साथ मकर का धन भाव में हो, स्वगृही सूर्य सिंह के भाग्य या नवम स्थान में हो और कन्या का बुध दशम में हो तो जातक राजा के समान ऐश्वर्य एवं वैभव को भोगता है ।

(4) उच्च का शुक्र, स्वगृही मीन के बृहस्पति के साथ चतुर्थ में हो, उच्च का सूर्य मेष के स्वगृही मंगल के साथ पंचम स्थान में हो, सप्तम में मिथुन का स्वगृही बुध हो तो जातक राजा के समान ऐश्वर्य एवं वैभव को भोगता है ।

(5) सिंह का स्वगृही सूर्य भाग्य स्थान में हो, उच्च का बुध कर्म या राज्यस्थान में और तुला में उच्च का शनि स्वगृही शुक्र के साथ लाभ स्थान में, लग्न में स्वगृही बृहस्पति हो तो जातक राजा के समान ऐश्वर्य एवं वैभव को भोगता है ।

(6) उच्च का मंगल धन स्थान में, उच्च का शुक्र चतुर्थ स्थान में, उच्च का सूर्य पंचम स्थान में, उच्च का बुध राज्य स्थान में, और उच्च का शनि एकादश स्थान में हो तो जातक राजा के समान ऐश्वर्य एवं वैभव को भोगता है ।

(7) गुरु, शुक्र, सूर्य, शनि, मंगल एवं बुध में से कोई भी चार ग्रह अपने उच्च के उच्चांश पर होने से राजयोग करते हैं तो जातक राजा के समान ऐश्वर्य एवं वैभव को भोगता है ।

(8) स्वगृही शनि पराक्रम स्थान में, स्वगृही गुरु चतुर्थ स्थान में, स्वगृही मंगल पंचम स्थान में, स्वगृही बुध सप्तम स्थान में, स्वगृही सूर्य नवम स्थान में, स्वगृही बुध दशम स्थान और स्वगृही शुक्र एकादश स्थान में हो तो जातक सम्राट् के समान ऐश्वर्य एवं वैभव को भोगता है ।

(9) इसमें से कोई चार या पांच ग्रह उच्च या स्वगृही पूर्णांश में होने से पूर्ण राजयोग करते हैं ।

(10) चंद्रमा ८वें भाव में हो, कर्क राशि में सूर्य + शुक्र + शनि स्थित हों तो विख्यात, शिल्पादि कलाओं का जानकार जातक पतला पर दृढ़ शरीर से युक्त अनेक संतानों से युक्त व निरंतर संपत्तिवान् रहता है ।

(11) धनु लग्न में चंद्रमा सूर्य को देखता हो तथा चंद्रमा बुध द्वारा देखा जाता हो तो जातक राजा के समान ऐश्वर्य भोगता है ।

(12) धनु लग्न में 10वें स्थान में शनि हो, तो जातक धनवान्, विद्वान्, शूरवीर, उच्च पदासीन नेता व प्रधान पद प्राप्त करता है ।

(13) दशम भाव में शुभ राशि कन्या हो, दशमेश त्रिकोण में हो अर्थात् बुध की स्थिति 5, 9वें भाव में हो अथवा वह उच्च का हो, सूर्य 10वें भाव में हो तो उत्तम राजयोग होता है ।

(14) धनु लग्न में पूर्ण चंद्रमा हो, उस पर समस्त ग्रहों की दृष्टि हो तो जातक उच्च शासनाधिकारी होता है ।

(15) पूर्ण चंद्रमा अपनी उच्च राशि में वृष पर हो तथा उस पर शुभ ग्रहों की दृष्टि हो तो जातक उच्च पद प्राप्त करता है ।

(16) गुरु कर्क राशि में तथा चंद्रमा वृष राशि में हो अर्थात् गुरु, चंद्र दोनों उच्च के हों तो जातक नेता होता है ।

(17) लग्न में शनि हो, गुरु 7वें भाव में हो और उस पर शुक्र की दृष्टि हो तो व्यक्ति राज्य में उच्च पद प्राप्त करता है ।

(18) दशम भाव में बुध हो तथा सुख स्थान में राहु या शनि अथवा राहु-मंगल हों, तो जातक राज्य सेवा में उच्च पद पाकर पतनोन्मुख होता है ।

(19) राहु व केतु केंद्र में हों और त्रिकोणपति से संबंध करें या राहु, केतु त्रिकोण में हों

और केन्द्रेश से संबंध करें तो उत्तमोत्तम राजयोग होता है ।

(20) धनु लग्न में जन्म-काल में तुला, धनु, मीन व लग्न में शनि बैठा हो तो राजकुल में जन्म होता है और व्यक्ति राजा होता है ।

(21) धनु लग्न में मीन का शुक्र यदि केन्द्र (1/4/7/10)में बैठा हो तो विद्या, कला, बहुगुणों से शोभित कामधेनु के बराबर भोग से पूर्ण, सुंदर स्त्रियों के साथ विलास करने वाला, देश, नगर देखने में व्यस्त राजा होता है ।

(22) धनु लग्न में दशवें में बुध-सूर्य हों और मंगल-राहु छठे में हों तो इस राजयोग में उत्पन्न जातक मनुष्यों में श्रेष्ठ होता है ।

(23) धनु लग्न में अपने घर का होकर सूर्य यदि नवम स्थान में हो, तो ऐसे व्यक्ति का भाई नहीं जीता है । यदि कोई भाई जीवे तो राजा होता है ।

(24) धनु लग्न में दशम स्थान में गुरु, बुध, शुक्र, चंद्रमा हो तो जातक का सब कार्य सिद्ध होता है और वह राजमान्य होता है ।

(25) धनु लग्न में अपने उच्च के समीप रहकर सूर्य यदि त्रिकोण में हो, तो नीच कुलोत्पन्न भी राजा होता है ।

(26) धनु लग्न में उच्चाभिलाषी मीन राशि का होता हुआ सूर्य यदि जन्म लग्न से त्रिकोण में हो तथा चंद्रमा लग्न में और बृहस्पति केन्द्रगत हो तो वह व्यक्ति बहु रत्न पूर्ण पृथ्वी का पालन करता है ।

(27) धनु लग्न में लग्न से चतुर्थ में शुक्र और दशम में सूर्य शनिश्चर के साथ हो तो वह निश्चित राजा होता है ।

(28) धनु लग्न में धन का बृहस्पति, तुला राशि में शनि-चंद्रमा से युत और मेष का सूर्य पंचम में हो, तो कीर्तिमान् राजयोग होता है ।

मकर लग्न राजयोग

(1) यदि मकर लग्न अपने पूर्णांशों पर हो और उच्चांश पर उच्च का मंगल बैठा हो, साथ ही उच्च का सूर्य चतुर्थ में, उच्च का बृहस्पति सप्तम में, उच्च का शनि दशम स्थान में बैठा हो या इन चारों में से कोई भी तीन ग्रह उच्च के बैठे हों तो राजयोग कारक होते हैं। ऐसा जातक राजा के समान ऐश्वर्य एवं वैभव को भोगता है।

(2) इनके अतिरिक्त यदि उच्च का मंगल लग्न में हो, उच्च का सूर्य चतुर्थ में और स्वगृही कर्क का चंद्रमा सप्तम में हो तो जातक राजा के समान ऐश्वर्य एवं वैभव को भोगता है।

(3) मकर लग्न में कोई दो ग्रह उच्च के केंद्र में हों और साथ ही स्वगृही चंद्रमा सप्तम में हो तो राजयोग होता है। जातक राजा के समान ऐश्वर्य एवं वैभव को भोगता है।

(4) उच्च का मंगल लग्न में हो और स्वगृही चंद्र से दृष्ट हो या मकर का स्वगृही शनि लग्न में हो, मेष का स्वगृही मंगल चतुर्थ में हो, तो जातक राजा के समान ऐश्वर्य को भोगता है।

(5) कर्क का स्वगृही चंद्रमा सप्तम में हो, और तुला का स्वगृही शुक्र दशम में हो तो या इन चारों के साथ यदि मिथुन का स्वगृही बुध छठे स्थान में और सिंह का स्वगृही सूर्य अष्टम स्थान में हो तो जातक राजा के समान ऐश्वर्य एवं वैभव को भोगता है।

(6) मकर का स्वगृही शनि बृहस्पति के साथ लग्न में हो, मीन का चंद्रमा तीसरे स्थान में हो, उच्च का बुध नवम स्थान में हो तथा मंगल वृश्चिक का एकादश स्थान में,

या वृश्चिक का शुक्र एकादश में हो तो जातक राजा के समान ऐश्वर्य एवं वैभव को भोगता है ।

(7) दो ग्रह उच्च के, दो ग्रह स्वगृही केन्द्र या त्रिकोण में हो या तीन ग्रह उच्च के एक ग्रह स्वगृही केन्द्र में हो या तीन ग्रह स्वगृही के साथ एक ग्रह, उच्च का केन्द्र या त्रिकोण में बैठे हों तो राजयोग न्यूनाधिक-से होते ही रहते हैं ।

(8) यदि लग्नगत मकर राशि में स्वगृही शनि हो, मीन का चंद्रमा तीसरे भाव में हो , मिथुन का मंगल छठे भाव में, उच्च या कन्या का बुध भाग्य स्थान में हो और धन का बृहस्पति द्वादश भाव में हो तो मनुष्य बड़ा ही गुणवान् तथा कीर्तिमान् नेता होता हुआ राजा के समान होता है ।

(9) यदि मकर लग्न हो और लग्नेश शनि उच्च या तुला का होकर राज्य स्थान में चंद्रमा से युत बैठा हो तो मनुष्य 30 वर्ष की अवस्था में बड़ी पदवी प्राप्त करता है । राज्य कर्मचारी होते हुए भी धन-धान्यपूर्ण ऐश्वर्यमय जीवन व्यतीत करता है ।

(10) यदि मकर लग्न में मंगल शनि, दशम स्थान में तुला का शुक्र तथा धन का सूर्य और चंद्रमा द्वादश स्थान में हो तो मनुष्य बड़ा सरकारी नौकर होता है ।

(11) यदि मकर का शनि लग्न में, कर्क का सूर्य चंद्रमा सप्तम में, वृश्चिक का मंगल एकादश स्थान में, सिंह का शुक्र अष्टम में, और उच्च का बुध, बृहस्पति से दृष्ट हो तो मनुष्य बहुत ही बड़ा आदमी होता है ।

(12) लग्न अथवा चंद्र लग्न से गुरु यदि केन्द्र में हो, उस पर मात्र शुभ ग्रहों की दृष्टि हो, गुरु अस्त, नीच, शत्रु राशि में न हो तो जातक मुख्य मंत्री बनता है ।

(13) शनि दशम भाव में उच्च का हो, बुध, गुरु, शुक्र व सूर्य, चंद्रादि 1, 4, 7, 10वें केंदस्थ भावों में हो, व्यक्ति उच्च शासनाधिकारी होता है ।

(14) लग्नेश पंचम में व पंचमेश लग्न में हो, आत्मकारक व पुत्रकारक-दोनों ग्रह लग्न या पंचम में हों, अपने उच्च, राशि या नवांश में तथा शुभ ग्रह से दृष्ट हों तो जातक राज्यपाल या मुख्यमंत्री अवश्य होता है ।

(15) पंचमेश लग्नेश, तृतीयेश, चतुर्थेश, षष्ठेश, सप्तमेश, नवमेश व द्वादशेश के साथ हों तो जातक व्यापारी या जमींदार भी होता है अर्थात् उच्च पदाधिकारी होता है ।

(16) बुध स्व का या उच्च के नवम भाव में हो, केतु व बुध की युति हो, गुरु की बुध-केतु पर पूर्ण दृष्टि हो तो जातक उच्च पदाधिकारी होता है ।

(17) चंद्रमा मेष राशि में स्थित हो और गुरु द्वारा दृष्ट हो तो वह व्यक्ति अनेक

नौकर-चाकरों से युक्त, धनाढ्य, व मंत्री अथवा सेनापति होता है ।

(18) अष्टम स्थान में गुरु व शुक्र हो, सप्तम में कर्क राशि में बुध हो, सूर्य लग्न से सप्तम, चंद्रमा से पंचम और शनि लग्न से 11वें स्थान में हो तो जातक गुण संपन्न एवं उच्च पदाधिकारी होता है ।

(19) तृतीय स्थान में मीन का चंद्रमा हो, छठे में मंगल, 9वें भाव में बुध व द्वादश भाव में गुरु हो तो श्रेष्ठ राजयोग होता है ।

(20) लग्न में शनि हो, 4, 7, 8, 9, 10 के स्वामी उन-उन भावों में स्वगृही हों अर्थात् मेष का मंगल, कर्क का चंद्रमा, सिंह का सूर्य, कन्या का बुध व तुला का शुक्र हो तो उत्तम राजयोग बनता है ।

(21) गुरु लग्न में हो व शुक्र तुला राशि में स्वगृही हो तथा लग्नेश शुक्र की युति हो तो जातक उच्च पद प्राप्त करता है तथा धनाढ्य होता है ।

(22) मकर लग्न में जन्मकाल से दशम स्थान में शनि हो तो व्यक्ति धनवान्, शूरवीर, मंत्री, दंड देनेवाला (अर्थात् जज इत्यादि), एक गांव या गांवों के समूह का नेता होता है ।

(23) मकर लग्न में उच्च का बृहस्पति और मंगल तथा मेष लग्न में मंगल और बृहस्पति हो, तो प्रबल राजयोग होता है ।

(24) मकर लग्न में चंद्रमा लाभ स्थान में शुक्र-बृहस्पति के साथ और मंगल उच्च का मकर राशि के शनि के साथ हो और लग्न में कन्या का बुध हो तो बहुत विद्वान् होकर राजयोग प्राप्त होता है ।

(25) मकर लग्न में स्वराशि का पूर्ण चंद्रमा लग्न में, सप्तम में बुध, षष्ठ में सूर्य, चतुर्थ में शुक्र, दशम में गुरु और शनि, मंगल तृतीय स्थान में हो तो वैभव संपन्न राजयोग होता है ।

(26) मकर का शनि लग्न में, मीन का चंद्रमा, मिथुन का मंगल, धन का बृहस्पति हो तो कीर्तिमान् राजयोग होता है ।

(27) मकर लग्न में मंगल सप्तम में, पूर्ण चंद्रमा के साथ हो तो शत्रुओं से विजय प्राप्त करने वाला और वेदशास्त्र को ज़ाननेवाला ऐसा राजयोग होता है ।

कुंभ लग्न राजयोग

(1) यदि कुंभ लग्न अपने पूणाश पर हो और शनि उसमें उच्चांश पर बैठा हो, बृहस्पति मीन का स्वगृही धन स्थान में बली हो, मंगल मेष का पराक्रम स्थान में हो और शुक्र-वृष का स्वगृही चतुर्थ स्थान में हो तो राजयोग होता है । जातक राजा के समान ऐश्वर्य एवं वैभव को भोगता है ।

(2) इसके अतिरिक्त उच्च का शुक्र धन भाव में, उच्च का सूर्य पराक्रम स्थान में और उच्च का शनि भाग्य स्थान में तथा उच्च का शुक्र स्वगृही गुरु के साथ धन स्थान में हो तो जातक राजा के समान ऐश्वर्य एवं वैभव को भोगता है ।

(3) उच्च का सूर्य स्वगृही मंगल के साथ पराक्रम स्थान में हो तो जातक राजा के समान ऐश्वर्य एवं वैभव को भोगता है ।

(4) उच्च का चंद्रमा स्वगृही शुक्र के साथ चतुर्थ में हो तो जातक राजा के समान ऐश्वर्य एवं वैभव को भोगता है ।

(5) उच्च का शनि स्वगृही शुक्र के साथ भाग्य स्थान में हो तो जातक राजा के समान ऐश्वर्य एवं वैभव को भोगता है ।

(6) स्वगृही मिथुन का बुध पंचम स्थान में, स्वगृही सिंह का सूर्य सप्तम स्थान में, स्वगृही मंगल-वृश्चिक का राज्य स्थान में और गुरु धनराशि का लाभ स्थान में हो तो जातक राजा के समान ऐश्वर्य एवं वैभव को भोगता है ।

(7) चार, पांच, छः स्वगृही ग्रह या उच्च के ग्रह केंद्र या त्रिकोण में अथवा केन्द्र और त्रिकोण दोनों में बलवान् हों, अस्त न हों तो राजयोग कारक होते हैं ।

(8) कुंभ लग्न हो, शनि लग्न में स्व का स्थित हो, मंगल की 8वीं दृष्टि शनि पर हो तो राजराजेश्वर योग होने से जातक पूर्णरूपेण संपन्न, सुखी, धनवान् एवं दीर्घायु होता है ।

(9) शुक्र स्व राशिस्थ चतुर्थ भाव में बैठा हो तो वह जातक तीव्र मस्तिष्क वाला तथा उच्च पद एवं वाहन को प्राप्त करने में सफल होता है ।

(10) यदि तृतीयेश पंचमस्थ, पंचमेश से युक्त हो तो जातक का भाई उच्च पद पर होता है अथवा स्वयं सत्ता प्राप्त करने वाला व्यक्ति होता है । अथवा ईश्वर कृपा से सम्पत्तिवान् होता है ।

(11) कुंभ लग्न में सिंह में गुरु, कन्या में शुक्र , मिथुन में शनि, अपने घर का मंगल चौथे स्थान में हो तो जातक राजा हो ।

(12) कुंभ लग्न में दशम स्थान में गुरु, बुध, शुक्र, चंद्रमा हो तो जातक का सब कार्य सिद्ध होता है और वह राजमान्य होता है ।

(13) कुंभ लग्न में शनि-चंद्रमा हों और आठवें स्थान में शुक्र हो तो इस योग में उत्पन्न मनुष्य मानी और सबका प्रिय राजा होता है ।

(14) कुंभ लग्न में द्वितीय स्थान में शुक्र, 10वें में गुरु और छठे में राहु हो तो जातक राजा व पराक्रमी होता है ।

(15) कुंभ लग्न में सूर्य तीसरे में, चौथे में शुक्र, बुध पांचवें या द्वितीय में हो और कोई ग्रह नीच में नहीं हो तथा 10वें बारहवें घर में कोई ग्रह न हो, जातक तीन समुद्र का राजा होता है ।

(16) कुंभ लग्न में लग्न से, चतुर्थ में शुक्र और दशम में मंगल-सूर्य, शनिश्चर के साथ हों तो वह निश्चित राजा होता है ।

(17) कुंभ लग्न से पंचम, नवम, तृतीय घर में बृहस्पति-चंद्रमा और सूर्य हो तो वह मनुष्य धन कुबेर के समान होता है ।

(18) कुंभ लग्न में त्रिकोण में बुध, बृहस्पति, शुक्र हों और बुध, शनि क्रम से तीसरे छठे हों और सप्तम में पूर्ण बली चंद्रमा हो तो इस योग में जन्म लेने वाला राजा के समान होता है ।

(19) कुंभ लग्न में बृहस्पति, शुक्र और चंद्रमा ये तीनों मीन राशि के हों तो इस योग में जन्म लेने वाले को राज्यप्राप्ति होती है और उसकी पत्नी अनेक पुत्रों वाली होती है ।

(20) कुंभ लग्न में शनि नवम स्थान में हो और चंद्रमा लग्न में हो तो राजयोग

होता है।

(21) लग्न में कुंभ का शुक्र, मेष का मंगल, कर्क का बृहस्पति हो तो कीर्तिमान् राजयोग होता है।

(22) कुंभ लग्न में जलचर राशि में छठा चंद्रमा हो, लग्न में उदित शुभग्रह और केन्द्र में पापग्रह न हो तो राजयोग होता है।

मीन लग्न राजयोग

(1) यदि मीन लग्न अपने पूर्णांश पर हो, उसमें उच्च का शुक्र हो, उच्च का सूर्य धन स्थान में हो, उच्च का बुध सप्तम में हो और उच्च का मंगल लाभ स्थान में हो तो जातक राजा के समान ऐश्वर्य एवं वैभव को भोगता है ।

(2) बुध को छोड़कर उपर्युक्त तीनों ग्रह उच्च के हों तो राजयोग होता है । मीन का चंद्रमा लग्न में, सिंह का स्वगृही सूर्य शत्रु भाव में, कुंभ का स्वगृही शनि द्वादश में तथा मकर में उच्च का मंगल लाभ स्थान में हो तो जातक राजा के समान ऐश्वर्य एवं वैभव को भोगता है ।

(3) उच्च का सूर्य स्वगृही मंगल के साथ धन स्थान में, उच्च का चंद्रमा स्वगृही शुक्र के साथ पराक्रम स्थान में, स्वगृही बुध चतुर्थ में और वृश्चिक का मंगल भाग्य स्थान में हो तो जातक राजा के समान ऐश्वर्य एवं वैभव को भोगता है ।

(4) कर्क का चंद्रमा पंचम स्थान में, उच्च का बुध सप्तम स्थान में, धन का स्वगृही गुरु राज्य स्थान में और मकर का मंगल स्वगृही शनि के साथ एकादश भाव में हो तो जातक राजा के समान ऐश्वर्य एवं वैभव को भोगता है ।

(5) चार, पांच, छः, तीन उच्च के ग्रह यदि अपने उच्चांश या मित्रांश पर केंद्र त्रिकोण में बलवान् हो या चार, पांच, छः स्वगृही ग्रह पूर्णबली होकर केंद्र त्रिकोण में मित्रराशि के होकर बैठे हों तो राजयोग करते हैं । ऐसा जातक राजा के समान ऐश्वर्य एवं वैभव को भोगता है ।

(6) शुक्र + बुध मीन के लग्न में हो, बृहस्पति + चंद्रमा धन के दशम में हो, उच्च का मंगल एकादश (लाभ) में हो तो जातक राजा के समान ऐश्वर्य एवं वैभव को

भोगता है ।

(7) मीन का चंद्रमा लग्न में हो, मिथुन का शनि चतुर्थ स्थान में हो, बुध, शुक्र, सूर्य कन्या के सप्तम में हो, वृश्चिक का बृहस्पति नवम भाव में और धन का मंगल राज्य स्थान में हो तो जातक राजा के समान ऐश्वर्य एवं वैभव को भोगता है ।

(8) मीन का शुक्र लग्न में और कर्क का बृहस्पति पंचम में हो तो भी राजयोग होता है । ऐसा जातक राजा के समान ऐश्वर्य एवं वैभव को भोगता है ।

(9) मीन लग्न में पूर्ण चंद्रमा, मित्र, समस्त शुभ ग्रहों से दृष्ट हो तो मनुष्य को बड़ा राजनेता बनाता है ।

(10) यदि मीन का स्वगृही बृहस्पति लग्न में हो और स्वगृही चंद्रमा कर्क का लग्न में हो तो ऐसे योग वाला व्यक्ति बड़ा धनी एवं नेता होता है ।

(11) यदि मीन लग्न का स्वामी गुरु स्वगृही होकर दशम स्थान में हो, चंद्रमा उच्च का पराक्रम (तीसरे भाव) में बैठा हो और सप्तेश बुध स्वगृही मिथुन का चतुर्थ स्थान में हो और लग्न में उच्च का शुक्र निष्पाप बैठा हो तो मनुष्य बड़ा ही पराक्रमी, बड़ा सरकारी कर्मचारी, ऐश्वर्यमय जीवन व्यतीत करने वाला राजनेता होता है ।

(12) यदि मीन लग्न में चंद्रमा हो, सिंह का सूर्य छठे स्थान में हो, मकर का मंगल एकादश स्थान में हो और कुंभ का शनि द्वादश स्थान में हो, तो मनुष्य बड़ा पराक्रमी तथा ऐश्वर्यवान् विपक्षी दल का नेता होता है ।

(13) यदि मीन लग्न में शुक्र, धन स्थान में, सूर्य या मंगल, पंचम स्थान में गुरु या चंद्र हो तो मनुष्य बड़ा राज्य कर्मचारी होता है ।

(14) दशमेश लग्न में हो, लग्नेश दशम में हों, उस पर शुभ ग्रहों की दृष्टि हो, तो जातक ज्ञानी व उच्च पदस्थ राजनेता होता है ।

(15) मीन लग्न हो, लाभेश व भाग्येश शनि-मंगल एकादश स्थान में चंद्रमा के साथ हों और गुरु लग्नेश होकर कर्क में बैठकर उन्हें पूर्ण दृष्टि से देखे तो अति सुंदर राजयोग होता है ।

(16) मीन लग्न हो, लग्न में उच्च का शुक्र हो, गुरु व चंद्रमा धनुराशि में हो तथा मकर में उच्च का मंगल हो तो उत्तम राजयोग होता है ।

(17) मीन लग्न में चंद्रमा हो, कुंभ में शनि तथा मकर व सिंह में क्रमश: मंगल-सूर्य हो तो उत्तम राजयोग होता है ।

(18) मीन लग्न जन्म-काल में लग्नेश से दृष्ट हो तथा तुला, धनु, मीन राशि में शनि बैठा हो तो राजकुल में जन्म लेकर राजा होता है ।

(19) मीन का शुक्र यदि लग्न में बैठा हो तो विद्या, कला, बहुगुणों से शोभित कामधेनु के बराबर भोग से पूर्ण, सुंदर स्त्रियों के साथ विलास करने वाला, देश, नगर देखने में व्यस्त राजा होता है ।

(20) मीन में शुक्र, बारहवें भाव में बुध धन भाव में, राहु लग्न में, रवि तीसरे भाव में मंगल हो तो सुंदर राजयोग होता है ।

(21) मीन लग्न में गुरु-शुक्र, मेष में सूर्य, मकर में मंगल हो तो दास कुल में उत्पन्न होने पर भी व्यक्तिछत्रधारी राजा होता है ।

(22) बृहस्पति, शुक्र और चंद्रमा—ये तीनों मीन राशि के हों तो इस योग में जन्म लेने वाले को राज्यप्राप्ति की होती है और उसकी पत्नी अनेक पुत्रों वाली होती है ।

(23) मीन लग्न में मीन का चंद्रमा, मकर का मंगल, सिंह का सूर्य, कुंभ का शनि हो तो प्रबल राजयोग होता है ।

(24) मीन लग्न में धन का बृहस्पति चंद्रमा से युक्त, मकर का मंगल और लग्न में उच्च का शुक्र अथवा नीच का बुध हो, तो राजयोग होता है ।

(1) अखिल भूमंडल पालक योग

निष्पत्ति — **उदयगिरिनिविष्टैर्मेषसंस्थै ग्रहेन्द्रैः**
शशिरुधिरसुरेड्यैर्जायते पार्थिवेन्द्रः ।
जलनिधिरसनायाः पालकः सर्वभूमेः-
हतरिपुपरिवारः सर्वतःफूत्करोति ॥

—सारावली अ.35/श्लोक 7

परिणाम — यदि जन्म के समय मेष राशि में लग्नस्थ चंद्रमा, मंगल, गुरु हो तो जातक समुद्र रूपी मेखला से वेष्टित भूमण्डल का पालन करने वाला राजाधिराज होता है, तथा समस्त शत्रु दल का नाश करके, चारों तरफ हुंकार करता है ।

(2) मेष लग्न का राजयोग

निष्पत्ति — **स्वोच्चे गुरावविनिजे क्रियगे विलग्ने**
मेषोदये च सकुजे वचसामधीशे ।
भूमो भवेदिह स यस्य विपक्षसैन्यं
तिष्ठेत जातु पुरतः सचिवा वयस्याः ॥8 ॥

परिणाम — यदि कुंडली में मेष लग्न में मंगल तथा कर्क राशि में गुरु हो तो अथवा मेप लग्न में मंगल व गुरु हों तो जातक राजा होता है तथा जिसके सामने शत्रु की सेना नहीं स्थित (टिक) हो सकती अर्थात् शत्रु पराजित होता है एवं राजा के मंत्री अनुकूल होते हैं अर्थात् पूर्ण सहयोगी होते हैं ।

(3) विज्ञान कुशल राजयोग

निष्पत्ति— निशाभर्ता चाये भृगुतनयदेवेड्सहितः
कुजः प्राप्तः स्वोच्चे मृगमुखगतः सूर्यतनयः ।
विलग्ने कन्यायां शिशिरकरसूनुर्यदि भवेत्
तदाऽवश्यं राजा भवति बहुविज्ञानकुशलः ॥9 ॥

परिणाम — यदि कुंडली में कन्या लग्न में बुध तथा एकादश भाव में चंद्र, शुक्र, गुरु हों व उच्च राशि में मंगल एवं मकर राशि में शनि हो तो जातक विज्ञान में चतुर किंतु राजा अवश्य होता है ।

(4) सद्भूपाल राजयोग

निष्पत्ति— **स्वर्क्षे नक्षत्रनाथः स्फुटकरनिकरालंकृतः प्राप्तलग्नो**
द्यूने सोमस्य पुत्रो यदि रिपुभवनं भास्करः संप्रयातः।
पाताले दानवेंड्यो गुरुऽपि गगने सौरभौमौ तृतीये
सद्भूपालो भवेद्यः शशिरकरधवलं चामरं राजलक्ष्मीम् ॥10 ॥
वर्गोत्तमगते चन्द्रे लग्ने वा चन्द्रवर्जिते।
चतुराद्यैर्ग्रहैर्दृष्टे जातो नारपतिर्भवेत् ॥11 ॥

परिणाम — यदि कुंडली में परिपूर्ण चंद्रमा कर्क लग्न में हो तथा सप्तम में बुध, छठे भाव में सूर्य, चौथे में शुक्र, दशम में गुरु, शनि व भौम तृतीय भाव में हों तो जातक चंद्रमा की किरणों के सभान शुभ्र चामर (व्यजन) तथा राजलक्ष्मी से युक्त सज्जन (श्रेष्ठ) राजा होता है ।

(5) अधिक लक्ष्मी से युत राजयोग

निष्पत्ति— **शिशिरकिरणे स्वोच्चे लग्ने पयोम्बुनिधेः समे**
घटधरगते भानोः पुत्रे मृगाधिपतौ रविः।
अलिंगृहगतो वाचो नाथः स्फुरत्कररजितो
यदि नरपतिः स्फीतश्रीकस्तदा बहुवाहनः ॥12 ॥

परिणाम — यदि कुंडली में परिपूर्ण चंद्रमा वृष लग्न में हो तथा कुंभ राशि में शनि, सिंह राशि में सूर्य , वृश्चिक राशि में शोभित किरणों से युक्त गुरु हो तो जातक अधिक लक्ष्मी व वाहनों से युत राजा होता है ।

विशेष — बृहद्जातक में भी- "वृषे सेन्दौ लग्न" कहकर इस बात की पुष्टि की है ।

(6) इंद्र तुल्य राजयोग

निष्पत्ति— मृगे मन्दे लग्ने कुमुदवनबन्धुव्श्च तिमिग-
स्तथा कन्यां त्यक्त्वा बुधभवनसंस्थः कुतनयः।
स्थितो नार्यां सौम्यो धनुषि सुरमन्त्री यदि भवेत्
तदा जातो भूपः सुरपतिसमः प्राप्तमहिमा ॥13 ॥

परिणाम — यदि कुंडली में मकर लग्न में शनि, चंद्रमा मीन राशि में तथा कन्या

राशि को छोड़कर बुध के घर में अर्थात् मिथुन में भौम, कन्या में बुध, धनु राशि में गुरु हो तो जातक इंद्र के समान महिमा (प्रशंसा) पाने वाला राजा होता है ।

विशेष — बृहद्जातक के अध्याय 11 श्लोक 12 में कहा है— "मृगे मन्दे लग्ने"।

(7) सकलकलाढ्य राजयोग

निष्पत्ति— **उदयति मीने शशिनि नरेन्द्रः सकलकलाढ्यः क्षितिसुत उच्चे ।**
मृगपतिसंस्थे दशशतरश्मौ घटधरगे स्याद्दिनकरपुत्रे ।।14 ।।

परिणाम — यदि कुंडली में मीन लग्न में चंद्रमा व उच्च में अर्थात् मकर राशि में मंगल, सिंह में सूर्य व कुंभ राशि में शनि हो तो जातक समस्त कलाओं से युक्त पारखी राजा होता है ।

(8) शत्रु से अजेय राजयोग

निष्पत्ति— **कुजे विलग्ने च शंशी यदाऽस्ते स्फुटांशुसम्भारविराजितांग।**
राजा तदा शत्रुभिरप्रधृष्यो वेदार्थविद्धेतुशतानुवादैः ।।15 ।।

परिणाम — यदि कुंडली के लग्न में मंगल हो तथा सप्तम भाव में संपूर्ण किरणों से युत चंद्रमा हो तो जातक सौ अनुवादरूपी कारण से वेद के अर्थ को जाननेवाला शत्रुओं से अजेय राजा होता है ।

(9) शत्रु को पराजित कर्त्ता राजयोग

निष्पत्ति— **करोत्युत्कृष्टोद्यद्दिनकृदमृताधीशसहितः**
स्थितस्तादृग्रूपं सकलनयनान्दजननः ।
अपूर्वोऽयं स्मृत्या नयनजलसिक्तोऽपि सततं
रिपुस्त्रीशोकाग्निर्ज्वलति हृदयेऽतीव सुतराम् ।।16 ।।

परिणाम — यदि कुंडली में उच्चराशि में सूर्य, चंद्रमा के साथ लग्नगत हो तो जातक-चंद्रमा के समान स्वरूप वाला अर्थात् अत्यंत सुंदर, समस्त जीवों को आनंददायक राजा होता है। जिसके स्मरण मात्र से

शत्रु—स्त्रियों की शोकाग्नि नयन जल से सिक्त होने पर भी सदा हृदय में जलती रहती है ।

(10) तुला लग्न का राजयोग

निष्पत्ति — **शुक्रो घटे कुजो मेषे, स्वोच्चे देवपुरोहितः ।**
यदि राजा भवेन्नूनं, स्वयशोधौतदिङ्मुखः ॥17 ॥

परिणाम — यदि लग्न कुंडली में तुला का शुक्र, मेष राशि का मंगल तथा अपनी उच्च राशि कर्क में गुरु हो तो जातक-अपनी कीर्ति से दिशाओं को शुशोभित करने वाला राजा अवश्य होता है अर्थात् चारों दिशाओं में यश फैलाता है ।

(11) स्वभुजबल से पृथ्वीपति योग

निष्पत्ति — **उदयति गुरुच्चे तप्तहेमप्रभावो**
हरिततुरगनाथो व्योममध्यावगा ही ।
रवि शशिबुधशुक्रा यस्य सूतौ नरस्य
स्वभुजविजितभूमिः सर्वतः पार्थिवेन्द्रः ॥18 ॥

परिणाम — यदि कुंडली में तपे हुए सुवर्ण की आभा के सदृश गुरु कर्क राशि में लग्नगत हो तथा सूर्य दशम भाव में तथा वृष राशि में चंद्रमा-बुध-शुक्र हों तो जातक-अपनी भुजाओं के बल से समस्त पृथ्वी को जीतने वाला राजा होता है ।

विशेष — बृहद्जातक के अध्याय ।। श्लोक 9 में कहा है—"**कर्किणि लग्ने तत्स्थे जीवे चन्द्रसितज्ञैरायप्राप्तैः । मेषगते ऽर्के जातं. . . ।**

(12) अधिराज योग

निष्पत्ति — **षष्ठं द्यूनमथाष्टमं शिशिरगोः प्राप्ताः समस्ताः शुभाः**
क्रूराणां यदि गोचरे न पतिता भान्वालयाद्दूरतः ।
भूपालः प्रभवेत्स यस्य जलधेर्वेलावनान्तोद्भवैः
सेनामत्तकरीन्द्रदानसलिलं भृगैर्मुहुः पीयतेः ॥21 ॥
न प्राप्नोति जरामाशु नो भजत्यरिंतो भयम् ।
जातः स्यादधियोगेऽस्मिनधृतिसौभाग्यसौख्यभाक् ॥22 ॥

परिणाम — यदि कुंडली में चंद्रमा से छठे, सातवें, आठवें भाव में पापग्रहों से अदृष्ट सूर्य की राशि (सिंह) का त्याग कर सब शुभ ग्रह विद्यमान् हों तो जातक राजा होता है। जिसकी सेना के मतवाले हाथियों के मदजल का समुद्र के तट पर्यंत वन में उत्पन्न हुए भौरे बार-बार पान (पीते) करते हैं। इस पूर्वोक्ता अधि योग में उत्पन्न होने वाला जातक शीघ्र वृद्ध नहीं होता एवं शत्रु से भय नहीं करता और धैर्यवान्, सुंदर, भाग्यवान् व सुखभोगी होता है।

विशेष — यह योग मकर-कुंभ-मीनस्थ चंद्र को छोड़कर होता है।

(13) कन्या लग्न का राजयोग

निष्पत्ति—

बुधः स्वोच्चे लग्ने तिमियुगलगावीड्यशशिनौ।
मृगे मन्दः सारो जितुमगृहगो दानवसुहृत्।
य एवं कुर्यात्स क्षितिभृदहिताध्वंसनिरतो
निरालोकं लोकं चलितगजसंघातरजसा ॥23॥

परिणाम— यदि कुंडली में कन्या लग्न हो, बुध मीन राशि में चंद्रमा के साथ गुरु हो, मकर राशि में शनि के साथ भौम व मिथुन (जितुम) में शुक्र हो तो जातक-शत्रु को नाश करने में तत्पर राजा होता है। जिसके चलते हुए हाथियों के पाद-संघात से उत्पन्न धूलि से दिन में रात हो जाती है अर्थात् प्रकाश में भी अंधकार हो जाता है।

(14) मेष लग्न का राजयोग

निष्पत्ति—

केसरिगो महेन्द्रसचिवो दिनकरसहितः
कुम्भगतोऽकर्जः शशधरः खुल भवति वृषे।
वृश्चिकभे क्षितेस्तु तनयो मिथुन इन्दुसुतो
मेषलग्नसमुदयो यदि स तु मनुजपतिः ॥24॥

परिणाम — यदि कुंडली में मेष लग्न हो तथा सिंह राशि में गुरु व सूर्य, कुंभ में शनि, चंद्रमा, वृष में, वृश्चिक में मंगल, मिथुन में बुध हो तो जातक मनुष्यों का स्वामी राजा होता है।

(15) अपारकीर्तियुत राजयोग

निष्पत्ति— **कार्मुके त्रिदशनायकमन्त्री भानुजो वणिजि चन्द्रसमेतः ।
मेषगस्तु तपनो यदि लग्ने भूपतिर्भवति सोऽतुलकीर्तिः ॥25 ॥**

परिणाम — यदि कुंडली में मेष लग्न में सूर्य हो व धनु राशि में गुरु, शनि, चंद्रमा के साथ तुला में हो तो जातक अपार कीर्तिमान् राजा होता है ।

(16) आसमुद्र राजयोग

निष्पत्ति— **स्वर्क्षात्केन्द्रेषु यातैर्गुरुबुधभृगुजैर्मन्दभान्वारयुक्तै
स्वोच्चे चन्द्रोऽधितिष्ठंजनयति नृपतिं कीर्तिशुक्लीकृताशम्
अत्युच्चे लग्नसंस्थो रविरपि भगवान्पार्थिवं क्रूरचेष्टं
यातायातैः समस्तं चतुरुदधिजलं यस्य सेनाः पिबन्ति ॥26 ॥**

परिणाम — यदि जन्म कुंडली में अपनी राशियों से केंद्र राशियों में गुरु-बुध-शुक्र, शनि-सूर्य-भौम के साथ में हों तथा उच्च (वृष) में चंद्रमा हो तो जातक अपनी कीर्ति से दिशाओं को शुभ्र (स्वच्छ) करने वाला राजा होता है ।

यदि सूर्य अपने परमोच्च में लग्नस्थ हो तो कठोर कार्यकारी राजा होता है । जिसकी सेना अपने गमनागमन से चारों ओर समस्त समुद्र के जल का पान करती है अर्थात् ऐसा व्यक्ति आसमुद्र भूमि का राजा होता है ।

(17) चंद्रमा से राजयोग

निष्पत्ति— **उदकचरनवांशके सुखरस्थः कमलरिपुः सकलाभिराममूर्तिः ।
उदयति विहगे शुभे स्वलग्ने भवति नृपो यदि केन्द्रगा न पापाः ॥27 ॥**

परिणाम — यदि कुंडली में चंद्रमा अपनी कलाओं से परिपूर्ण जलचर राशिस्थ नवांश में चतुर्थ भाव में हो व अपनी राशि में शुभग्रह लग्नस्थ हो एवं केंद्र में पापग्रहों का अभाव हो तो जातक राजा होता है ।

(18) अन्य राजयोग

निष्पत्ति — आपूर्णमण्डलकलाकलितं शशांकं
पश्यन्ति शुक्रसुरपूजितसोमपुत्राः ।
लग्नाधिपोऽतिबलवान्पृथिवीश्वरः स्यात्
वर्गोत्तमश्च नवमः खुल चेद्विलग्ने ॥28 ॥

परिणाम — यदि कुंडली में संपूर्ण कलाओं से परिपूर्ण चंद्रमा, शुक्र-गुरु-बुध से दृष्ट हो व लग्नेश अति बली हो और लग्न में वर्गोत्तम नवांश हो तो जातक राजा होता है ।

(19) प्रसन्न राजयोग

निष्पत्ति— वर्गोत्तमे त्रिप्रभृतिग्रहेन्द्राः केन्द्रस्थिता नो शुभसंयुताश्च ।
नो रूक्षधूमा न विवर्णदेहाः कुर्वन्ति राज्ञः प्रसवं प्रसन्नाः ॥29 ॥

परिणाम — यदि कुंडली में तीन या चार शुभ ग्रह वर्गोत्तम नवांश में केंद्रस्थ हों तथा पाप ग्रहों का असहयोग हो व ग्रह अस्त क्षीण न हों तो जातक प्रसन्न वदन राजा होता है ।

(20) एक ग्रह से राजयोग

निष्पत्ति — एक एव खगः स्वोच्चे वर्गोत्तमगतो यदि ।
बलवान्मित्रसंदृष्टः करोति पृथिवीपतिम् ॥30 ॥

परिणाम — यदि कुंडली में एक भी ग्रह उच्चस्थ होकर वर्गोत्तम में बली हो, तथा मित्रग्रह से दृष्ट हो तो जातक राजा होता है ।

(21) अन्य राजयोग

निष्पत्ति— शीर्षोदयर्क्षेषु गताः समस्ता नो चारिवर्गे स्वगृहे शशांकः ।
सौम्येक्षि तोऽन्यूनकलो विलग्ने दद्यान्महीं रत्नगजाश्वपूर्णाम् ॥31 ॥

परिणाम — यदि कुंडली में समस्त ग्रह (चंद्रमा को छोड़कर) शीर्षोदय राशि में हों तथा परिपूर्ण चंद्रमा शत्रुवर्ग के अतिरिक्त वर्ग में कर्क राशिस्थ लग्न में, शुभग्रह से दृष्ट हो तो जातक रत्न-हाथी-घोड़ा से परिपूर्ण राजा होता है ।

(22) इंद्रतुल्य बलशाली राजयोग

निष्पत्ति — **उपचयगृहसंस्थो जन्मपो यस्य चन्द्रात्**
शुभगृहमथवांशे केन्द्रयाताश्च सौम्याः ।
सकलबलविमुक्ता ये च पापाभिधानाः
स भवति नरनाथः शुक्रतुल्यो बलेनः ॥32 ॥

परिणाम — जिसकी कुंडली में चंद्रमा से चंद्र राशि ग्रह उपचय (3, 6, 10) राशि में हो व शुभग्रह शुभ राशि में वा शुभ नवांश में केंद्रस्थ हो और पापग्रह निर्बल हो तो जातक इंद्र के समान बली राजा होता है ।

(23) अन्य राजयोग

निष्पत्ति — **अत्युच्चस्था रुचिरवपुषः सर्व एवं ग्रहेन्द्रा**
मित्रैर्दृष्टा यदि रिपुदृशां गोचर न प्रयाताः ।
कुर्युनूनं प्रसभमरिभिर्गर्जितैर्वारणाग्रयैः
सेनाश्वीयैश्चलति चलितैर्यस्य भूः पार्थिवेन्द्रम् ॥33 ॥

परिणाम — यदि कुंडली में सुंदर देहधारी समस्त ग्रह परमोच्च में मित्र ग्रहों से दृष्ट व शत्रु ग्रहों से अदृष्ट हों तो जातक राजा होता है । जिसकी शत्रुओं के साथ युद्ध में सेना के श्रेष्ठ हाथियों की गर्जना से व घोड़ों के गमन से पृथ्वी अवश्य डगमगा जाती है ।

(24) अखंड भूपतियोग

निष्पत्ति — **परमोच्चे स्थितश्चन्द्रो यदि शुक्रेण दृश्यते ।**
कुर्यान्महीपतिं पूर्ण पापैरापोक्लिमोपगैः ॥34 ॥

परिणाम — यदि कुंडली में परमोच्चांश (रा० 3 अं०) में स्थित चंद्रमा शुक्र से दृष्ट व आपोक्लिम (3, 6, 9, 12) के स्थानों में समस्त पापग्रह हो तो जातक पूर्ण अर्थात् अखंड राजा होता है ।

(25) अन्य राजयोग

निष्पत्ति — **दृश्येते शुभदैः स्वकेन्द्रभवने मित्रैश्च पापैस्तथा**
युद्धेनो रिपुभिर्जितौ बलयुतौ जन्मोदयर्क्षाधिपौ ।
भूपः स्यान्निजराशिनाथनवमे चन्द्रोदये चेद्यशो
यस्येभस्रुतदानलुब्धमधुपैश्चातुर्दिशं गीयते ॥35 ॥

परिणाम — यदि कुंडली में जन्म राशीश व लग्नेश बलवान् होकर केंद्र में स्थित हों तथा शुभग्रहों से व मित्र ग्रहों से दृष्ट और पापग्रहों से अदृष्ट एवं शत्रुग्रहों से युद्ध में अपराजित हों व अपने राशी से नवम स्थान में चंद्रमा लग्नस्थ हो तो जातक राजा होता है । जिसकी सेना के हाथियों के कर्ण दान (मद) के लोभी भौंरे उस राजा के यश का गान चारों दिशाओं में करते हैं ।

(26) उच्चनाथ राजयोग

निष्पत्ति — **उच्चराशिर्भवेद्धोरा यस्यासौ कुरूते नृपम् ।**
स्वांशेऽथ सुहृदृच्चांशे दृष्टः केन्द्रोपगैः शुभैः ।।36 ।।

परिणाम — यदि कुंडली में जिस ग्रह की उच्च राशि लग्न में हो वह ग्रह यदि अपने नवांश में वा मित्र के वा उच्च के नवांश में केंद्रगत शुभग्रहों से दृष्ट हो तो जातक राजा होता है ।

(27) अन्य राजयोग

निष्पत्ति — **स्थितो भानोः पुत्रो विरचितबलः पश्चिमार्धे मृगस्य**
रविः सिंहे शुक्रस्तुलिनि रुधिरों मेषगः कर्किणीन्दुः !
कुमारीं सम्प्राप्तो यदि भवति वा शर्वरीनाथसूनुः
प्रजातो भूपा लश्छदयति महीमेकशुक्लातपत्राम् ।।37 ।।

परिणाम — यदि कुंडली में मकर राशि के उत्तरार्द्ध में प्रबल शनि हो व सिंह में सूर्य, तुला में शुक्र, मेष में मंगल, कर्क में चंद्रमा और कन्या में बुध हो तो जातक एक शुभ्र कीर्ति रूप छत्र से भूमंडल का रक्षक राजा होता है ।

(28) प्रकारान्तर राजयोग

निष्पत्ति — **वर्गोत्तमस्वभवनेषु गता ग्रहेन्द्राः**
सर्वे यदा रुचिररश्मिशिखाकलापाः ।।
उत्पद्यते जगति सीममतीं धरित्रीं
यः पालयेत्क्षितिपर्जितशत्रु पक्षाः ।।38 ।।

परिणाम— यदि कुंडली में समस्त ग्रह परिपूर्ण होकर वर्गोत्तम नवांश व स्वगृह में हों तो संसार में उत्पन्न होने वाला अर्थात् जातक समस्त भूमि का पालक व शत्रुदल को जीतने वाला राजा होता है।

(29) लग्नेश से राजयोग

निष्पत्ति — **केन्द्रे विलग्नाथः सुहृदिभरभिवीक्षितो विहगैः।**
लग्नस्थिते च सौम्ये भूपतिरिह जायते पुरुषः ॥39॥

परिणाम — यदि कुंडली में लग्नेश केंद्र में स्थित हो तथा मित्र ग्रहों से दृष्ट व लग्न में शुभग्रह हो तो जातक राजा होता है।

(30) यशस्वी व समस्त शत्रुहंता राजयोग

निष्पत्ति — **सुरपतिगुरुः सेन्दुर्लग्ने वृषे समवस्थितो**
यदि बलयुतो लग्नेशश्च त्रिकोणगृहं गतः।
रविशनिकुजैर्वीर्योपेतैर्न युक्तनिरीक्षितो
भवति स नृपः कीर्त्या युक्तो हताखिलकण्टकः ॥40॥

परिणाम — यदि कुंडली में वृष लग्न में गुरु से युत चंद्रमा व बली लग्नेश त्रिकोण में बलवान् सूर्य-शनि-भौम से अदृष्ट व अयुत हो तो जातक समस्त शत्रु हंता, कीर्तिमान् राजा होता है।

(31) अन्य राजयोग

निष्पत्ति — **न नीचगृहसंस्थिता न च रिपोर्गृहं संगताः**
स्वराशिमथावांशकानुदयगोच्चमंशं यदि।
कलाभिरतिभूषिते कुमुदषण्डबोधप्रदे
सुहृद्भिरभिवीक्षिताः क्षितिपतिं विदध्युर्ग्रहाः ॥41॥

परिणाम — यदि कुंडली में समस्त ग्रह नीच राशि व शत्रु राशियों को छोड़कर अपनी-अपनी राशियों में व अपने-अपने नवमांश में हों तथा लग्नस्थ उच्चांश में चंद्रमा हो और समस्त ग्रह अपने मित्र ग्रहों से दृष्ट हों तो जातक राजा होता है।

(32) चंद्रमा से राजयोग

निष्पत्ति – **यो यः पूर्ण शिशिरकिरणं प्राप्तवर्गोत्तमांशं**
सुस्पष्टार्चिर्गगनगमनः पश्यति स्वोच्चसंस्थम्।
स क्षोणीशं जनयति दशां प्राप्य सौम्यः स्वकीयां
ख्यातं लोके यदि बलयुताः कण्टकस्था न पापाः ।।42 ।।

परिणाम – यदि कुंडली में पूर्ण चंद्रमा अपने वर्गोत्तम नवांश में स्थित होकर उच्च राशि में हो तथा जिस-जिस पूर्ण शुभग्रह से दृष्ट हो वह शुभग्रह अपनी दशा में जातक को राजा बना देता है। यदि बलवान् पापग्रह में न हों तो वह राजा संसार में प्रसिद्ध होता है।

(33) लग्नेश से राजयोग

निष्पत्ति– **जन्मोदयभवनपती बलसहितौ केन्द्रभेऽथ हिबुके वा।**
इन्दुर्जलगृहगश्चेत्रिकोणगो वा महिपालः ।।43 ।।

परिणाम – यदि जन्म के समय लग्नेश व राशीश बलवान् होकर केंद्र में हों तो जातक राजा व चतुर्थ में अथवा त्रिकोण में जलचरराशिस्थ चंद्रमा हो तो जातक राजा होता है।

(34) सार्वभौम राजयोग

निष्पत्ति – **स्वगृहे मित्रभागेषु स्वांशे वा मित्रराशिषु।**
कुर्वन्ति च नरं सूतौ सार्वभौमं नराधिपम् ।।44 ।।

परिणाम – यदि कुंडली में समस्त ग्रह अपनी राशि में या मित्र के नवांश में या अपने नवांश में या मित्र राशि में हों तो जातक सार्वभौम राजा होता है।

(35) देव-दानवों से वंदित राजयोग

निष्पत्ति – **परमोच्चगताः सर्वे स्वोच्चांशे यदि सोमजः।**
त्रैलोक्याधिपतिं कुर्युर्देवदानववन्दितम् ।।45 ।।

परिणाम – यदि कुंडली में समस्त ग्रह अपने-अपने परमोच्च में हों व बुध उच्च के नवांश में स्थित हो तो जातक -देव (सुर) दानवों (असुर) से पूजित तीनों लोकों का राजा होता है।

(36) शत्रु रहित राजयोग

निष्पत्ति– **यस्योत्तरस्यां भगवान्वसिष्ठो बृहस्पतिः प्रागपरे च भार्गवः।
अगस्त्यनामा खलु दक्षिणस्यां स नष्टशत्रुश्च भवेन्नराधिपः ॥46॥**

परिणाम — जिसकी कुंडली में उत्तर (चतुर्थ) में वसिष्ठ (बुध) पूर्व (लग्न) में गुरु, पश्चिम (सप्तम) में शुक्र, दक्षिण (दशम) में अगस्त्य नक्षत्र (मंगल) हो तो जातक -शत्रु से रहित पराक्रमी राजा होता है ।

(37) चंद्रमा से राजयोग

निष्पत्ति — **शशी पूर्णः स्वांशं स्वगृहमथवा स्वोच्चभं वा प्रयातो
दिवः पातुर्मन्त्री दितिजगुरुणा वीक्षितः केन्द्रसंस्थः।
रविर्लग्ने स्वांशं यदि बलयुतः पश्यति स्यात्स भूपः
प्रभग्नं यस्येभश्चतुरुदधिभूशल्लकीनामरण्यम् ॥47॥**

परिणाम — यदि कुंडली में परिपूर्ण चंद्रमा अपने नवांश में वा अपनी राशि में वा उच्च (वृष) राशि में हो तथा केंद्रस्थ गुरु, शुक्र से दृष्ट हो व बलवान् लग्नस्थ सूर्य अपने नवांश का अवलोकन करता हो तो जातक राजा होता है । जिसके हाथियों द्रारा भूमि के चारों ओर आसमुद्र सनई के वन नष्ट होते हैं । अर्थात् शल्लकी पदार्थ गज भक्ष्य होने से मन में संचार होने के नाते नष्ट होते हैं ।

(38) सार्वभौम राजयोग

निष्पत्ति — **कुमुदगहनबन्धौ वीक्ष्यमाणे समस्तैः
गगनगृहनिवासैर्दीर्घजीवी नरः स्यात्।
फलमशूभसमुत्थं नैव केमद्रुमोत्थं
भवति मनुजनाथः सार्वभौमो जितारिः ॥48॥**

परिणाम — यदि कुंडली में चंद्रमा समस्त ग्रहों से दृष्ट हो तो जातक दीर्घायु, शत्रुहीन सार्वभौम राजा होता है । इस योग में अशुभ योगफल एवं केमद्रुम विशेष अशुभ योगफल भी नहीं होता है ।

(39) सगरादि तुल्य राजयोग

निष्पत्ति — **तुंगेषु षड्विबुधमार्गचरा उपेताः ।**
स्वांशे मयूखनिकरैः परिपूरितांगाः ।
उत्पादयन्ति कुलिशांकितपाणिपादं
पृथ्वीपतिं सगरवेनययातितुल्यम् ।।50 ।।

परिणाम — यदि कुंडली में अपनी किरणों से युक्त स्वांशगत छः मार्गी ग्रह उच्चराशियों में हो तो जातक-वज्र से अंकित हाथ-पैर वाला सगर-वेन-ययाति के तुल्य महान् पराक्रमी राजा होता है ।

(40) तपस्वी राजयोग

निष्पत्ति — **शुभभवनसमेतैः सौम्यभागेषु सौम्यैः**
स्फुटरुचिरकराद्यैः प्रस्फुरदिभर्विलग्ने ।
रविमुषितमयूखैस्तैश्च पापैरमिश्रै-
गिरिगहननिवासी तापसः स्यान्नरेन्द्रः ।।51 ।।

परिणाम — यदि कुंडली में समस्त शुभ ग्रह स्पष्ट सुंदर किरणों से होकर शुभराशि व शुभ नवांशस्थ लग्न में हों व सूर्य के साथ अस्त न हों और साथ में पापग्रह न हों तो जातक-पर्वत तथा वन का निवासी तपस्वी राजा होता है ।

(41) बृहस्पति तुल्य राजयोग

निष्पत्ति — **शुभपणफरगाः शुभप्रदा उभयगृहे यदि पापसंचयः ।**
स्वभुजहतरिपुर्महीपतिः सुरगुरुतुल्यमतिः प्रकीर्तितः ।।52 ।।

परिणाम — यदि कुंडली में समस्त शुभग्रह शुभ राशियों पणफर (2, 5, 8, 11) भावगत हों तथा सब पाप ग्रह द्विस्वभाव राशियों में हों तो जातक अपने हाथों से शत्रु को मारने वाला तथा बृहस्पति के समान बुद्धि वाला राजा होता है ।

(42) शत्रु हंता राजयोग

निष्पत्ति— **विलग्ननाथः खलु लग्नसंस्थः सुहृद्गृहे मित्रदशां पथि स्थितः ।**
करोति नाथं पृथ्वीतलस्य दुर्वारवैरिघ्नमिहोदये शुभे ।।53 ।।

परिणाम— यदि कुंडली में लग्नेश लग्न में या मित्र की राशि में मित्र ग्रह से दृष्ट हो तथा लग्न में शुभ ग्रह हो तो जातक निवारण के अयोग्य जो किसी भी मुक्ति उपाय से न समझे ऐसे शत्रु को मारने वाला राजा होता है ।

(43) अन्य राजयोग

निष्पत्ति— सम्पूर्णमूर्तिर्भगवान्शशांको मेषांशकस्थो गुरुणा च दृष्टः ।
नीचे न कश्चिन्न च वीक्षितोऽन्यैः प्राह क्षितीशं यवनाधिराजः ॥54 ॥

परिणाम — यदि कुंडली में सकल कला परिपूर्ण चंद्रमा मेष के नवांश में स्थित गुरु से दृष्ट हो तथा कोई भी ग्रह नीच राशि में न हो और अन्य ग्रहों से अदृष्ट हो तो जातक राजा होता है । ऐसा कथन यवनाधिराज का है ।

(44) अन्य राजयोग

निष्पत्ति—
लग्नाच्छशी त्रिरिपुलाभनभः स्थलेषु
सूतावखंण्डितवपुः पृथिवीश्वरः स्यात् ॥
दृष्टः सुरेन्द्रगुरुणा न च वीक्षितोऽन्यै-
र्जन्माधिपो दशमगः स्मरगोऽथवा स्यात् ॥55 ॥

परिणाम— यदि कुंडली में लग्न से परिपूर्ण चंद्रमा तृतीय वा षष्ठ वा दशम वा लाभ भाव में गुरु से दृष्ट तथा अन्य पाप ग्रहों से अदृष्ट और जन्म राशीश सप्तम वा दशम भाव में हो तो जातक राजा होता है ।

(45) यशस्वी राजयोग

निष्पत्ति—
बिभ्रद्रश्मिकरालपूर्णपरिधिर्नक्षत्र सम्पालकः-
तुगांशे समवस्थितैश्च सकलैः प्रोद्वीक्षितो व्योमगैः ।
कुर्याद्भूमिपतिं यशस्यचरितं हस्त्यश्वसैन्यं जगत्
योव्याच्छेषफणीन्द्रतुल्यमखिलोर्वीभारखिन्नः श्वसन् ॥56 ॥

परिणाम — यदि कुंडली में किरणों से परिपूर्ण परिधि धारण करने वाला नक्षत्रों पालक चंद्र अपने उचांश (रा० 1 अंश 3) में स्थित समस्त ग्रहों से दृष्ट हो तो जातक-यशस्वी, हाथी, घोड़ा, सेना से युक्त संसार का राजा

होता है जो कि श्वास लेती हुई भूमि अपने भार (वजन) से दु:खी की शेषराज तुल्य रक्षा करता है, अर्थात् समस्त भूमि का पालक होता है ।

(46) अधिक हाथी युक्त राजयोग

निष्पत्ति— **सुधामृणालोपमबिम्बशोभितः शशी नवांशे नलिनीप्रियस्य ।**
यदि क्षितीशो बहुहस्तिपूर्णः शुभाश्च केंद्रेषु न पापयुक्ताः ॥57 ॥

परिणाम— यदि कुंडली में सफेद कमल के समान शोभित चंद्रमा सूर्य के नवांश में हो तथा पापग्रहों से रहित शुभग्रह में हो तो जातक-अधिक हाथी (उच्च वाहनों) वाला राजा होता है ।

(47) स्वकीर्ति से दिशाओं का शुभकर्त्ता राजयोग

निष्पत्ति — **शशिबुधरुधिरांगैः स्वांशकस्थैर्न नीचै-**
र्व्ययगृहसहजस्थैर्नापि सूर्यप्रविष्टैः ।
तनयभवनसंस्थैर्नापि सूर्यप्रविष्टैः
भवति मनुजनाथः कीर्तिशुक्लीकृताशः ॥58 ॥

परिणाम — यदि कुंडली में चंद्रमा-बुध-भौम अपने-अपने नवांश में स्थित होकर द्वादश व तृतीय भाव में हों तथा नीच राशि में व सूर्य के साथ अस्त न हों और पंचम भाव में गुरु चंद्रमा से युक्त हो तो जातक-अपनी कीर्ति से दिशाओं को शुभ्र करने वाला राजा होता है । अर्थात् चारों दिशाओं में प्रसिद्ध राजा होता है ।

(48) शत्रु जेता राजयोग

निष्पत्ति — **नीचारिवर्गरहितैर्विहगैस्त्रिभिस्तु**
स्वांशोपगैर्बलयुतैः शुभदृष्टिदृष्टैः ।
गोक्षीरशंखेधवलो मृगलांछनश्च
स्याद्यस्य जन्मनि स भूमिपतिर्जितारिः ॥59 ॥

परिणाम — जिसकी कुंडली में कोई भी तीन ग्रह नीच व शत्रु वर्ग के अतिरिक्त अपने नवांश में बली व शुभग्रहों से दृष्ट हों तथा गाय के दूध के व शंख के समान शुभ्र चंद्रमा हो तो जातक-शत्रुओं को पराजित करने वाला राजा होता है ।

(49) सार्वभौम राजयोग

निष्पत्ति – **कुमुदगहनबन्धु श्रेष्ठमंशं प्रसन्नं**
यदि बलसमुपेतः पश्यति व्योमचारी।
उदयभवनसंस्थः पापसंज्ञो न चैतं
भवति मनुजनाथः सार्वभौमः सुदेहः ॥60 ॥

परिणाम – यदि कुंडली में चंद्रमा वर्गोत्तम नवांश में बली किसी ग्रह से दृष्ट हो तथा लग्न में पाप ग्रहों का अभाव हो तो जातक सुंदर देहधारी सार्वभौम राजा होता है ।

(50) अधिक हाथी युक्त राजयोग

निष्पत्ति– **जलचरराशिनवांशक इन्दौ तनुभवने शुभदः स्वकवर्ग।**
अशुभकरः खलु कण्टकहीनो भवति नृपो बहुवारणनाथः ॥61 ॥

परिणाम – यदि कुंडली में जलचर राशिस्थ नवांश में चंद्रमा हो व अपने वर्ग में लग्नस्थ शुभग्रह हो और पाप ग्रहों से हीन केंद्रस्थान में हो तो जातक-अधिक हाथियों का स्वामी राजा होता है ।

(51) अपूर्व यशस्वी राजयोग

निष्पत्ति – **वर्गोत्तमे हिमकरः सकलः स्थितोऽशे**
कुर्यान्महीपतिमपूर्वयशोभिरामम्।
यस्याश्ववृन्दखुरघातरजोभिभूतो
भानुः प्रभातशशिनोऽनुकरोति रूपम् ॥62 ॥

परिणाम – यदि कुंडली में परिपूर्ण चंद्रमा वर्गोत्तम नवांश में हो तो जातक-अपूर्व यश से शोभित राजा होता है । जिसके घोड़ा समुदाय के पाद आघात से उत्पन्न धूलि सूर्य को आच्छादित करके प्रातःकालीन चंद्रमा के स्वरूप समान कर देती है ।

विशेष – यदि कुंडली में सब ग्रह राजयोग कारक हों तो जातक चक्रवर्ती राजा होता है । यदि केवल एक ग्रह राजयोग कारक हो तो ज़िले का राजा होता है ।

(52) पंचमांश से राजयोग

निष्पत्ति — **एकोऽपि विहगः कुर्यात्पंचमांशगतो नृपम्।
समस्तबलसम्पन्नश्चक्रवर्तिनमेव च ॥64 ॥**

परिणाम — यदि कोई भी बलवान् ग्रह कुंडली में अपने पंचमांश में स्थित हो तो जातक राजा होता है । यदि पूर्ण बल से युक्त हो तो चक्रवर्ती राजा होता है ।

विशेष — यदि कुंडली में वृष राशिस्थ चंद्रमा, गुरु से दृष्ट हो तो जातक-शोभित मणि की कांति के समान दिशाओं को शोभित करने वाला समस्त पृथ्वी का पालक राजा होता है ।

(53) निषाद कुलोत्पन्न राजयोग

निष्पत्ति — **कुर्यात्तुंगे त्रिकोणे वा स्वराशिस्थो विलोकयन्।
ग्रहस्तुषार किरणं निषादमपि पार्थिवम् ॥66 ॥**

परिणाम — यदि कुंडली में कोई भी ग्रह अपनी उच्च राशि में वा मूल त्रिकोण में अथवा अपनी राशि में स्थित होकर चंद्रमा को देखता हो तो नीच कुलोत्पन्न जातक राजा होता है ।

(54) महाराज योग

निष्पत्ति — **स्वगृहे तृतीयभागे शशी स्थितः पार्थिवं यदा कुरुते।
परिपूर्णबलः शुभदो यदि प्रसूतौ महाराजम् ॥67 ॥**

परिणाम — यदि कुंडली में चंद्रमा अपने द्रेष्काण में हो तो जातक राजा तथा इसी योग में यदि पूर्ण बली शुभग्रह हो तो महाराजा अर्थात् राजाओं का भी राजा होता है ।

(55) अन्य राजयोग

निष्पत्ति — **स्वांशे दिवाकरो यस्य स्वक्षेत्रे च क्षपाकरः।
स राजा गजदानौघशीकरोक्षिप्तभूतलः ॥68 ॥**

परिणाम — जिसकी कुंडली में सूर्य अपने नवांश में व चंद्रमा कर्क में हो तो जातक-हाथियों (उच्च वाहनों) के महान् के कणों से सिक्त पृथ्वी का राजा होता है ।

(56) ग्रामीण राजयोग

निष्पत्ति — लग्ने रवि पुत्रसंयुते देवेज्येऽस्त गते नवोदिते।
दृष्टेऽसुरराजमन्त्रिणा ग्रामीणों नृपतिर्भवेदिह ॥69 ॥

परिणाम — यदि कुंडली में लग्न में शनि व सप्तम भाव में नवोदित गुरु हो और शनि व गुरु शुक्र से दृष्ट हों तो गांव में उत्पन्न जातक भी राजा होता है ।

(57) अन्य राजयोग

निष्पत्ति — उदयेऽसुरमन्त्रिवरो गुरुभे गुरुदृष्टिपथं च गतः ।
कुरुते नियतं सनृपं यदि तुगंगतश्च बुधः ॥70 ॥
शुक्रभास्करेन्दवो भावमेकमाश्रिताः ।
जीवदृष्टमात्रकाः स्यात्तदा महीपतिः ॥71 ॥

परिणाम — यदि कुंडली में गुरु की राशि में शुक्र, लग्न में गुरु से दृष्ट हो व बुध उच्च राशि में स्थित हो तो जातक अवश्य राजा होता है ।
यदि कुंडली में शुक्र-सूर्य-चंद्रमा एक ही भाव में हों तथा गुरु से दृष्ट हों तो जातक राजा होता है ।

(58) अधिक यशस्वी राजयोग

निष्पत्ति— लग्नगाः सितशशांकजभौमाः सप्तमे शशिनि वाक्पतियुक्ते ।
तिग्मरश्मितनयेन च दृष्टे जायते पृथुयशाः पृथिवीशः ॥72 ॥

परिणाम — यदि कुंडली में लग्न में शुक्र-चंद्रमा-भौम हों तथा गुरु से युक्त चंद्रमा सप्तम में शनि से दृष्ट हो तो जातक-अधिक यशवाला राजा होता है ।

(59) नीच कुलोत्पन्न राजयोग

निष्पत्ति— विबुधगुरुदि भौमनवांशे रुधिरनिरीक्षितपूर्णबलश्च ।
जनयति कुत्सितजन्ममहीपं क्रियपरिसंस्थितकर्मगतोऽर्कः ॥73 ॥
तृतीयगाः शुक्रशशांकभास्कराः कुजोऽस्तसंस्थो नवमे बृहस्पतिः ।
गुणोत्तमो लग्नगृहांशकोद्गमो यदा तदा हीनकुलो महीपतिः ॥74 ॥

परिणाम — यदि कुंडली में गुरु भौम के नवांश में स्थित होकर, पूर्ण बलवान् भौम से दृष्ट व दशमभाव में मेष का सूर्य हो तो जातक नीच कुल में उत्पन्न होने पर भी राजा होता है।

यदि कुंडली में शुक्र-चंद्रमा-सूर्य तृतीय भाव में हो व सप्तम में भौम, नवमभाव में गुरु और लग्न में वर्गोत्तम नवांश हो तो जातक-नीच कुल में पैदा होने पर भी राजा होता है।

(60) देव तुल्य राजयोग

निष्पत्ति — **जीवो बुधो भृगुसुतोऽथ निशाकरो वा**
धर्मे विशुद्धतनवः स्फुटरश्मिजालाः।
मित्रैर्निरीक्षितयुता यदि सूतिकाले
कुर्वन्ति देवसदृशं नृपतिं महान्तम्॥75॥

परिणाम — यदि कुंडली में स्पष्ट किरणें समूह से युत शुद्ध शरीर धारी गुरु वा बुध वा शुक्र-वा-चंद्रमा वा ये चारों ग्रह नवमभाव में अपने मित्र ग्रहों से दृष्ट व युत हों तो जातक देवता के समान बड़ा राजा होता है।

(61) राजयोग ज्ञान

निष्पत्ति— **तपोगृहं यस्य भवेत्तदुच्चकं ग्रहेण तेनाथ युतं निरीक्षितम्।**
ग्रहद्वयं स्वोच्चगंत यदा भवेत्तदा कुटुंबी नियतं महीपतिः॥

परिणाम — यदि कुंडली में जिस ग्रह की उच्च राशि नवम भाव में हो वह ग्रह भी नवम में हो अथवा नवम राशि अपने उच्च ग्रह से दृष्ट हो तो तथा अन्य दो ग्रह उच्च राशि में हों तो जातक कुटुंब (परिवार) से युत अवश्य राजा होता है।

(62) नीच कुलोत्पन्न राजयोग

निष्पत्ति— **सुतभवने शशिदेवनमस्यौ भवनपतिप्रसमीक्षितदेहौ।**
भृगुतनयो आदि मीनसमेतो भवति नृपः खलु कुत्सितवंशः॥76॥

परिणाम — यदि कुंडली में पंचम भाव में चंद्रमा व गुरु पंचमेश से दृष्ट हों तथा मीन राशि में शुक्र हो तो नीचकुलोत्पन्न जातक राजा होता है।

(63) लक्ष्मीयुत राजयोग

निष्पत्ति — **चंद्रस्त्रिपुष्करस्थः स्वोच्चे वचसां पतिः सलक्ष्मीकम्।**
उत्पादयति स्वामिनमुत्तमपात्रं समग्रभुवः ॥77 ॥

परिणाम — यदि कुंडली में तृतीय या दशम भाव में चंद्रमा हो तथा अपनी उच्च राशि कर्क में गुरु हो तो जातक-लक्ष्मी से युत समस्त भूमि का उत्तम वा उच्च मन का राजा होता है।

(64) प्रसिद्ध राजयोग

निष्पत्ति — **केंद्रस्वोच्चमुपेतः सुरमंत्री दशमगो यदा शुक्रः।**
नूनं स भवति पुरुषः समस्तपृथ्वीश्वरः ख्यातः ॥78 ॥

परिणाम — यदि कुंडली में लग्न वा चतुर्थ वा सप्तम वा दशम भावस्थ गुरु उच्चराशि में हो तथा शुक्र दशम भाव में हो तो जातक अवश्य समस्त पृथ्वी का प्रसिद्ध राजा होता है।

(65) ब्राह्मण कुलोत्पन्न राजयोग

निष्पत्ति — **स्वर्क्षे शशी विपुलरश्मिशिखाकलापाः**
स्वांशे स्थिता बुधबृहस्पतिदानवेज्याः।
पातालगा दिनकरेण निरीक्षिताश्च
संसूचयंति नृपतिं द्विजमुख्यजातम् ॥79 ॥

परिणाम — यदि कुंडली में अपनी राशि में परिपूर्ण चंद्रमा व शनि हो तथा चतुर्थ भाव में अपने-अपने नवांशों में स्थित बुध-गुरु-शुक्र, सूर्य से दृष्ट हों तो ब्राह्मण (उच्च) कुल में उत्पन्न जातक राजा होता है।

(66) गाय पालक राजयोग

निष्पत्ति— **रविभस्थः स्वत्रिकोणगोऽपि वा स्वराशिसंस्थाः सितजीवचंद्राः।**
तृतीयषष्ठायगताश्च चंद्रात्कुर्वन्ति गोपालमीह क्षितीशम् ॥81 ॥

परिणाम — यदि कुंडली में चंद्रमा से अपनी दशमस्थ मूलत्रिकोण राशि में सूर्य हो अथवा तृतीय, षष्ठ, एकादश भावों में अपनी-अपनी राशि में

शुक्र-गुरु-चंद्रमा हो तो जातक गायों का पालन करने वाला (ग्वाला होते हुए भी) राजा होता है ।

(67) सकल नृपपालक उत्तम राजयोग

निष्पत्ति — **सप्तमभवने सौम्या मित्रांशगताः सुहृद्भिरिह दृष्टाः ।**
उच्चे कुजो यदि नृपः समस्तनृपपालकः श्रेष्ठः ।।82 ।।

परिणाम — यदि कुंडली में अपने मित्र के नवांश में शुभग्रह सप्तम भाव में हों तथा अपने मित्र ग्रहों से दृष्ट हों व उच्चराशि में भौम हो तो जातक समस्त राजाओं का पालन करने वाला उत्तम राजा होता है ।

(68) अन्य राजयोग

निष्पत्ति— **रविशशिबुध शुक्रैर्व्योम्नि मित्रांशकस्थैः-**
न च रिपुभवनस्थैर्नाप्यदृश्यैर्न नीचैः ।
स तपसि भृगुपुत्रे भूपतिः स्यात्प्रयाणे
गजमदजलसेकैर्लीयते यस्य रेणुः ।।83 ।।

परिणाम — यदि कुंडली में अपने-अपने मित्र ग्रहों के नवांश में सूर्य-चंद्रमा-बुध-शुक्र, दशम भाव में हों तथा शत्रु के घर में व अस्त एवं नीच राशि में न हों और शुक्र नवम भाव में हो तो जातक राजा होता है । जिसके गमन में हाथियों के मदजल से सिक्त धूलि मंद हो जाती है अर्थात् भूमि आर्द्र होकर धूलि उड़ना बंद हो जाता है ।

(69) यशस्वी राजयोग

निष्पत्ति — **स्वोच्चे भानुः प्रकटितबलो व्योममध्ये सजीवः**
शुक्रो धर्मे यदि बलयुतः स्वं नवाशं प्रपन्नः ।
लग्ने वर्गे शुभगगनगो राजपुत्रेण दृष्टः
पृथ्वीपालो धवलितजगत्स्यात्सितैः स्वैर्यशोभि ।।84 ।।

परिणाम — यदि कुंडली मे बलवान् उच्चराशिस्थ सूर्य दशमभाव में हो व बली शुक्र स्वनवांशस्थ गुरु के साथ नवम भाव में हो एवं शुभ ग्रह का वर्ग लग्न में बुध से दृष्ट हो तो जातक-अपने शुभ यश से संसार को चमकाने वाला राजा होता है ।

(70) अन्य जात राजयोग

निष्पत्ति— **वृषे शशी लग्नगतः सुपूर्णः सितेन दृष्टो वणिजि स्थितेन।**
बुधोऽपि पातालगतो यदि स्यात्तदान्यजातो भवति क्षितीशः ॥85 ॥

परिणाम — यदि कुंडली में वृष राशिस्थ-परिपूर्ण चंद्रमा लग्न में, तुला राशिस्थ शुक्र से दृष्ट हो तथा चतुर्थ भाव में बुध हो तो जातक-अन्य से उत्पन्न राजा होता है।

(71) कुत्सित राजयोग

निष्पत्ति— **क्षमासुतः स्वोच्चमुपाश्रितो यदा रवीन्दुवाचस्पतिभिर्निरीक्षितः।**
भवेन्नरेन्द्रो यदि कुत्सितस्तदा समस्तपृथ्वीपरिरक्षणे क्षमः ॥86 ॥

परिणाम — यदि कुंडली में अपनी उच्च (मकर) राशि में भौम, सूर्य-चंद्रमा-गुरु से दृष्ट हो तो जातक नीच राजा होता, तब भी समस्त पृथ्वी की रक्षा करने में समर्थ होता है।

(72) नीचकुलोत्पन्न राजयोग

निष्पत्ति— **जायतेऽभिजिति यः शुभकर्मा भूपतिर्भवति तो तुलवीर्यः**
नीचवेशमकुलजोऽपि नरोऽस्मिन् राजयोग इति न व्यपदेशेः ॥87 ॥

परिणाम— जो मनुष्य अभिजित नक्षत्र में उत्पन्न होता है वह शुभ कर्म करने वाला अगणित बलशाली राजा होता है। इस योग में नीचकुलोत्पन्न मनुष्य भी राजा होता है इसमें सन्देह नहीं है।

शत्रुजेता राजयोग

निष्पत्ति— **गणहान्त विष्टिपरिघव्यतिपातजातस्ताराधिमः**
समुदये यदि कृत्तिकायाम्।
क्रीडेत्कृपाणफलका हितचण्डवेगप्रोत्था
पिताहित शिरोगुलिका भिरीशः ॥88 ॥

परिणाम — यदि कुंडली में लग्न में कृत्तिका नक्षत्रस्थ चंद्रमा हो तथा गंडांत, भद्रा वा वैधृति या परिघ या व्यतिपात में जन्म हो तो जातक राजा होता है। वह राजा शत्रुओं के उग्र वेग से उत्थापित अपने कृपाण के फलक (धार) से शत्रुओं के मस्तकों की गोली बनाकर खेलता है अर्थात् शत्रुओं का संहार करता है।

(74) निराकुल राजयोग

निष्पत्ति— बुधोदये सप्तमगे बृहस्पतौ चन्द्रे कुलीरे सुखराशिगेऽमले।
वियद्गते भार्गवनन्दने ग्रहे प्रशास्ति पृथ्वीं मनुजो निराकुलः ॥89 ॥

परिणाम — यदि कुंडली में लग्न में बुध, सप्तमभाव में गुरु, चतुर्थ भाव में परिपूर्ण चंद्रमा, कर्क राशि में और दशमभाव में शुक्र हो तो जातक निर्भय (निश्चिंत) होकर भूमंडल का शासक (राजा) होता है।

(75) चक्र व समुद्र राजयोग

निष्पत्ति — **एकान्तरगैर्विहगैः षड्भिश्चक्रं क्षितीश्वरं कुर्यात्।**
अत्रैव शुभे लग्ने सकलमहीपालको नृपतिः ॥90 ॥
अयमेव समुद्राख्यो द्वौ लग्ने यदि संस्थितौ।
करोति भूभुजां नाथं सौम्यैः केन्द्रेषु संस्थितैः ॥91 ॥

परिणाम — यदि कुंडली में एक-एक राशि के अंतर से छः राशियों में सब ग्रह हों तो चक्र योग होता है। इस योग में उत्पन्न मनुष्य राजा होता है। इसी ही योग में दो शुभ ग्रह लग्न में हों तो समस्त भूमि का पालन करने वाला राजा होता है। इसी पूर्वोक्त चक्र योग में ही कोई दो ग्रह लग्न में हों तथा सब शुभ ग्रह केंद्र में हों तो समुद्र योग होता है। इसके कारण जातक राजाओं का राजा होता है।

(76) सचिव योग

निष्पत्ति — **निरन्तरं यदि भवनेषु षट्सु**
ग्रहाः स्थिता उदयगृहात्समस्ताः।

स्वपङ्क्तिदन्नरपतिमेव कुर्यु-
श्चतुष्टयन्नरपतिमन्त्रिणं च ॥92 ॥

परिणाम — यदि कुंडली में लग्न से लगातार छः राशियों में सब ग्रह हों तो जातक अपनी पंक्ति (राज पंक्ति) को देने वाला राजा होता है । यदि लग्न से लगातार चार राशियों में सब ग्रह हों तो जातक राजा का सचिव होता है । आज के युग में ऐसा जातक किसी मंत्री या विधानसभा का सचिव (सेक्रेटरी) होता है ।

(77) अधिक सम्पत्तिवान् राजयोग

निष्पत्ति— सुतसुखदुश्चिक्व्यगता यदि कर्मणि कीर्तयन्ति यवनाद्याः ।
बन्धुसुतार्थगजाढ्यो बहुभृत्यो जायते क्षितिपः ॥93 ॥

परिणाम — यदि कुंडली में पंचम, चतुर्थ, तृतीय व दशम भाव में सब ग्रह हों तो जातक बंधु-पुत्र-हाथी-अधिक नौकरों से युक्त राजा होता है—ऐसा यवनादि आचार्यों का कथन है ।

(78) नगरनामक राजयोग ज्ञान

निष्पत्ति — कर्मास्तजलहोरासु ग्रहाः सर्वे प्रतिष्ठिताः ।
कुर्वन्ति नगरं नाम यत्र स्यात्पृथ्वीपतिः ॥94 ॥

परिणाम — यदि कुंडली में दशम, सप्तम, चतुर्थ व लग्न में समस्त ग्रह हों तो नगर नाम का योग होता है । इसमें उत्पन्न मनुष्य नगर का राजा होता है । ऐसा व्यक्ति नगर निगम, नगर न्याय या नगरपालिका का अध्यक्ष होता है ।

(79) प्रशान्त राजयोग

निष्पत्ति— सुखतनुमदगाः शुभाः समग्राः कुजरविरविजास्त्रिधर्मलाभसंस्थाः ।
यदि भवति महीपतिः प्रशान्तो यवनपतिकृतो ह्ययं महीपयोगः ॥95 ॥

परिणाम — यदि कुंडली में चतुर्थ, लग्न, सप्तम भाव में सब शुभ ग्रह हों तथा भौम, सूर्य, शनि, तृतीय, नवम व एकादश भाव में हों तो जातक-शांत चित्त वाला राजा होता है । यह राजयोग यवन स्वामी ने कहा है ।

(80) कलश संज्ञित राजयोग ज्ञान

निष्पत्ति — **लाभधर्मस्थिताः सौम्याः पापाः कर्मणि संस्थिताः ।**
नृपतीनामयं योगो भवेत्कलशसंज्ञितः ।।

परिणाम — यदि कुंडली में एकादश व नवम भाव में समस्त शुभ ग्रह हों तथा समस्त पापग्रह दशम भाव में हों तो कलश नामक राजयोग होता है ।

(81) पूर्ण कुम्भ नामक राजयोग

निष्पत्ति— त्रयो ग्रहा भ्रातृसुतायसंस्थास्तथा शुभौ द्वौ रिपुसंगतौ च।
कलत्रलग्नं च गतौ च शेषी नृपस्य योगः खलु पूर्णकुम्भः ।।96 ।।

परिणाम — यदि कुंडली में तीन ग्रह तृतीय, पंचम, लाभ भाव में हों व दो शुभ ग्रह षष्ठ भाव में, शेष दो ग्रह सप्तम भाव में हों तो यह पूर्ण कुंभ नामक राजयोग होता है ।

विशेष — अभी तक मैंने विस्तारपूर्वक नीचकुलोत्पन्न अनेक प्रकार के राजयोगों का वर्णन किया है। अब आगे ऋषियों के कहे हुए राजवंशोत्पन्न राजयोगों का वर्णन करता हूं।

(82) संसार में वंदित राजयोग

निष्पत्ति — **सिंहोदये दिनकरो मृगलांछनोऽजे**
कुम्भस्थितो रविसुतः स्वगृहे सुरेज्यः ।
स्वोच्चेऽपि भूमितनयः पृथ्वीश्वरस्य
जन्मप्रदः सकललोकनमस्कृतस्य ।।99 ।।

परिणाम — यदि कुंडली में सिंहराशिस्थ में सूर्य, मेष राशि में चंद्रमा, कुंभ में शनि व अपनी राशि में गुरु और उच्च (मकर) राशि में भौम हो तो जातक-समस्त बृहद्जातक में कहा है—

"लेखास्थेऽर्केऽजेन्दौ लग्ने भौमे स्वोच्चे कुम्भे मन्दे ।
चापप्राप्ते जीवं राज्ञः पुत्रं विन्द्यात्पृथ्वीनाथम्" ।।

—बृहद्जातक अ. 11/श्लोक 14

(83) स्थिर लक्ष्मीवान् राजयोग

निष्पत्ति — शुभे लग्नं याते बलवति तथा धर्मराशिं क्रमेण
सर्वैः शेषैर्लग्नं धनगृहमथ त्र्यायषट्कर्मगैश्च।
महीपालः श्रीमान्भवति नियतं यस्य मातगंसंघाः
प्रयाणे मेघानां सुतमदजलैर्भ्रान्तिमुत्पादयन्ति ॥100 ॥

परिणाम — यदि कुंडली में बलवान् एक शुभ ग्रह लग्न में हो तथा अन्य शुभ ग्रह नवम में, और अवशिष्ट ग्रह लग्न, द्वितीय, तृतीय, एकादश, षष्ठ व दशम भाव में हों तो जातक स्थिर लक्ष्मीवाला राजा होता है। जिसके हाथी समुदाय के गमन में उनके कानों की मद जल वृष्टि से लोक में मेष का भ्रम उत्पन्न हो जाता है।

बृहद्जातक अ. 11/श्लोक 16 में कहा—

"सौम्ये वीर्ययुते तनुयुक्ते वीर्याढ्ये च शुभे शुभयाते।
धर्मार्थोपचयेस्ववशेषैर्धमात्मा नृपजः पृथिवीशः ॥"

(84) अधिक लक्ष्मीवान् राजयोग

निष्पत्ति — दनुजपगुरुर्बन्धुस्थाने स्ववेश्मगतो यदा
तुहिनकिरणः सम्पूर्णांगस्तपः समवस्थितः।
त्रितनुभवभप्राप्ताः शेषा ग्रहा यदि भूपतिः
भवति धृतिमान्स्फीतश्रीकस्तया बहुवाहनः ॥101 ॥

परिणाम — यदि कुंडली में स्वराशिस्थ शुक्र चतुर्थ भाव में तथा परिपूर्ण चंद्रमा नवम भाव में और अवशिष्ट ग्रह तृतीय, लग्न, एकादश भाव में हों तो जातक-धैर्यवान् अधिक वाहन व लक्ष्मी से युक्त राजा होता है। बृहद्जातक में इसी बात को अध्याय 11, श्लोक 12 में इस प्रकार से कहा है—

"स्वर्क्षे शुक्रे पातालस्थे धर्मस्थाने प्राप्ते चन्द्रे।
दुश्चिक्यागंप्राप्तिप्राप्तैः शेषर्जातः स्वामी भूमेः ॥"

विशेष — यह योग कुंभ लग्न व कर्क लग्न में ही हो सकता है।

(85) चंद्रमा की किरणों के समान राजयोग

निष्पत्ति — स्वोच्चोदये कृतपदः कुमुदस्य
बन्धुर्जीवोऽर्थगो वणिजि दानवपूजितश्च

कन्याजसिंहगृहगा बुधभौमसूर्याश्चन्द्रां-
शुनिर्मलयशा भवति क्षितीशः ॥102 ॥

परिणाम — यदि कुंडली में वृष लग्न में चंद्रमा, धन भाव (मिथुन) में गुरु और तुला राशि में शुक्र, कन्या में बुध, मेष में भौम व सिंह राशि में पाठांतर से शेष ग्रह मीन राशि में हों तो जातक-चंद्रमा की किरणों के समान निर्मल (दोषहीन) यश वाला राजा होता है ।

बृहद्जातक अ. 11/श्लोक 17 में इसके विपरीत कहा है –
"वृषोदये मूर्तिधनारिलाभगैः शशांकं जीवार्कसुतापरैन्नृपः ॥"

विशेष — बृहत्जातक में षष्ठ भाव में शनि की सत्ता मानी है । इस ग्रंथ में शुक्र की स्थिति का वर्णन है ।

(86) अपने गुणों से विख्यात राजयोग

निष्पत्ति — **नक्षत्रनाथसहितः सविता नभस्थः**
सौरिर्विलग्नभवने हिबुके सुरेज्यः ।
देवारिपूज्यबुधभूमिसुतैः सलाभैः
ख्यातो महीपतिरिह स्वगुणैर्नरः स्यात् ॥103 ॥

परिणाम — यदि कुंडली में चंद्रमा के साथ सूर्य दशम भाव में हो तथा लग्न में शनि व चतुर्थ में गुरु एवं एकादश भाव में शुक्र, बुध, भौम हों तो जातक अपने गुणों से प्रसिद्ध राजा होता है । बृहद्जातक में इस प्रकार कहा है—
"सुखे गुरौ खे शशितीक्ष्णदीधिती यमोदये लाभगतैनृपोपरैः ॥"

(87) लग्नस्थगुरु का राजयोग

निष्पत्ति — **मृगराशिं परित्यज्य स्थितो लग्ने बृहस्पतिः ॥**
करोत्यवश्यं नृपतिं मत्तेभपरिवारितम् ॥104 ॥

परिणाम — यदि कुंडली में मकर राशि को छोड़कर लग्न में गुरु हो तो जातक-राजकुल में पैदा होने पर मतवाले हाथियों से युक्त राजा व अन्य कुलों में जायमान्-धनवान् होता है ।

(88) अधिक यशस्वी राजयोग

निष्पत्ति — **लग्ने भौमो रविजसहितस्तीक्ष्णरश्मिः खंमध्ये**
वाचां स्वामी मदनगृहगो भार्गवो धमर्संस्थः ।
आये हेम्नः शिशिरींकिरणोबन्धुराशिं प्रपन्नों
यद्येवं स्याद्विपुलयशसो जन्म भूपालकस्य ।।105 ।।

परिणाम — यदि कुंडली में शनि के साथ भौम लग्न में हो, सूर्य दशम भाव में, गुरु सप्तम भाव में, शुक्र नवम् भाव में, बुध एकादश भाव में और चंद्रमा चतुर्थ भाव में हो तो जातक-राजवंश में पैदा होने पर अधिक यशवाला राजा व अन्य कुल में उत्पन्न धनी होता है । **बृहद्जातक** में कहा—
"वक्रासितौ शशिसुरेज्यसितार्कसौम्या
होरासुखास्तशुभ खाप्तिगताः प्रजेशम् ।।105 ।।

(89) चंद्रमा से राजयोग

निष्पत्ति — **न्यूनाऽपि कुमुदबन्धुः स्वोच्चस्थः पार्थिवं करोति नरम् ।**
किं पुनरखण्डमण्डलकर निकरप्रकटितदिगन्तः ।।106 ।।

परिणाम — यदि कुंडली में क्षीण भी चंद्रमा उच्च राशि में हो तो जातक को राजा बना देता है । यदि परिपूर्ण चंद्रमा उच्चस्थ हो तो कहना ही क्या है ।

(90) पराक्रम-धन-वाहन से युक्त राजयोग

निष्पत्ति— **लग्नं विहाय केन्द्रे सकलकलापूरितो निशानाथः ।**
विदधाति महीपालं विक्रमधनवाहनोपेतम् ।।107 ।।

परिणाम — यदि कुण्डली में परिपूर्ण चंद्रमा लग्न को छोड़कर अन्य केंद्र में (4-7-10) में हो तो राजकुलोत्पन्न जातक—पराक्रम-धन-सवारी से युक्त राजा व अन्यवंशोत्पन्न धनी होता है ।

(91) सर्पराज के तुल्य प्रतापी राजयोग

निष्पत्ति — **यदि पश्यति दानवार्चितं वचसामधिपस्तदा भवत् ।**
नृपतिर्बहुनागनायको भुजगेन्द्र इव प्रतापवान् ।।108 ।।

परिणाम — यदि कुंडली में शुक्र, गुरु से दृष्ट हो तो जातक-सर्पराज के समान प्रतापी व अधिक नागों (सर्पों) का नेता राजा होता है।

(92) राजराजेश्वर राजयोग

निष्पत्ति — **दिवौकसां पतेर्मन्त्री कुर्यात्पश्यन्बुधं नरं।**
शिरोभिः शासनं तस्य धारयन्ति नृपाः सदा ॥109॥

परिणाम — यदि कुंडली में बुध, गुरु से दृष्ट हो तो जातक राजा होता है। उसके शासन (आदेश) को राजा लोग मस्तक से धारण करते हैं।

(93) शत्रुंजित राजयोग

निष्पत्ति — **लग्नाधिमतिः स्वोच्चे पश्यन्मृगलांछनं नृपं कुरुते।**
बहुगजतुरंगबलौधैः क्षपितविपक्षं महाविभवम् ॥110॥

परिणाम — यदि कुंडली में चंद्रमा, उच्चस्थ लग्न स्वामी से दृष्ट हो तो जातक राजा होता है। वह राजा अधिक हाथी, घोड़ों के बलों से सम्पत्तिशाली शत्रुओं को पराजित करने वाला होता है।

(94) अन्य राजयोग

निष्पत्ति — **तुंगायस्वगृहोदयकण्टकनवमेषु यस्य शुक्रगुरु।**
सोऽवश्यं भवति नरो राजांश समुद्रभवो नृपतिः ॥122॥

परिणाम — यदि कुंडली में शुक्र व गुरु उच्च राशिस्थ होकर एकादश 'धन' लग्न, चतुर्थ, सप्तम, दशम या नवम् भाव में हों तो जातक राजकुलों में उत्पन्न होने पर अवश्य राजा होता है।

(95) अन्य राजयोग

निष्पत्ति— **दिक्स्थानकालादिबलैरुदाराः शुभाः पुनः केन्द्रमुपागताश्च।**
कुर्वन्ति पापैरविमिश्रचाराः पृथ्वीभुजं त्रिप्रभृतिग्रहेन्द्राः ॥123॥

परिणाम — यदि कुंडली में तीन या चार शुभग्रह दिक्-स्थान-काल आदि बलों से युक्त होकर केंद्र में स्थित हों तथा पापग्रहों से अयुक्त हों तो जातक राजा होता है।

(96) तीन ओर समुद्र से वेष्टित भूमि का राजयोग ज्ञान

निष्पत्ति– **रवेर्द्वितीये बुधजीवभार्गवा न चाशुभैर्दृष्टयुता न वार्कगाः ।**
स्फुरत्करौघस्फुटपिंजरीकृता नरं प्रकुर्युस्त्रिसमुद्रपालकम् ॥124 ॥

परिणाम – यदि कुंडली में शोभित किरण समुदाय से स्फुट बिंब वाले बुध-गुरु-शुक्र, सूर्य से द्वितीय राशि में पापग्रहों से अदृष्ट व पृथक् एवं अस्त न हों तो जातक तीन ओर समुद्र से वेष्टित भूमि का राजा होता है । अर्थात् भारत का सम्राट होता है ।

(97) प्रसिद्ध कीर्तिमान् राजयोग

निष्पत्ति – **कुन्दाब्जकाशधवलः परिपूर्णमूर्ति-**
र्जन्माधिपेन बलिना शुभदेन दृष्टः ।
स्त्रीमानभंगनिपुणं दयितं क्षपायाः
प्रख्यातकीर्तिसुनयं कुरुते नरेन्द्रम् ॥125 ॥

परिणाम – यदि कुंडली में कुंद व शुभ कमल के समान सफेद परिपूर्ण चंद्र, जन्मराशि एवं बलवान् शुभग्रह से दृष्ट हो तो जातक स्त्रियों के मानभंग करने में चतुर, प्रख्यात (प्रसिद्ध) कीर्तिमान् व सुंदर नीति वाला राजा होता है ।

(98) शत्रुंजित राजयोग

निष्पत्ति – **देवमन्त्री कुटुम्बस्थो भार्गवेण समन्वितः ।**
जनयेद्वसुधापालं निर्जितारातिमण्डलम् ॥126 ॥

परिणाम – यदि कुंडली में द्वितीय भाव में शुक्र से युक्त गुरु हो तो जातक शत्रुओं को जीतने वाला राजा होता है ।

विशेष – पूर्वकथित कारक योगों में जन्म लेने वाले राजवंशोत्पन्न राजा होते हैं । जिनकी हाथी घोड़ों की सेना के चलने पर आकाश धूलि से आच्छादित हो जाता है ।

(99) अन्य राजयोग

निष्पत्ति – **कुजे विलग्ने तरणेश्च नन्दने**
रसातले शुक्रबृहस्पतीन्दुजाः ।

मृगोदये मन्दनवांशकस्थिते
रसातलेशो भवतीह पार्थिवः ॥128 ॥

परिणाम — यदि कुंडली में लग्न में भौम व शनि हो व चतुर्थ भाव में शुक्र, गुरु, बुध हो तो जातक राजा होता है । यदि शनि नवांशस्थ मकर लग्न में चतुर्थेश हो तो भी राजा होता हैं ।

(100) द्वीपाधिप योग

निष्पत्ति — **स्वोच्चे गुरुस्तनुगतः स्वगृहे शशांक**
शुक्रो झषे परममुच्चमितोऽसितश्च ।
मेषे तथैव भगवान्सविता कुजश्च
द्वीपाधिपो यदि भवेन्नृपतिः प्रजातः ॥129 ॥

परिणाम — यदि कुण्डली में कर्क लग्नस्थ गुरु चंद्रमा से युक्त हो व मीन राशि में शुक्र, परमोच्च (रा० अ० 6/20) में शनि, मेष राशि में सूर्य व भौम हों तो जातक एक द्वीप का राजा होता है । अथवा छोटे गांव का जमींदार होता है ।

(101) अन्य राजयोग

निष्पत्ति — **शुक्रेड्यः ससितः शुचिस्तिमियुगे स्वोच्चे च पूर्णः शशी**
दृष्टस्तीव्र विलोचनेन दिनकृन्मेषे यदासौ नृपः ।
सेनायाश्चलनेन रेणुपटलैर्यस्य प्रनष्टे रवा-
वस्तुभ्रान्तिसमाकुला कमलिनी सकोंचमागच्छति ॥130 ॥

परिणाम — यदि कुंडली में पवित्रात्मा गुरु, शुक्र के साथ मीन में हो व परिपूर्ण चंद्रमा अपनी उच्च (वृष) राशि में हो एवं मेषस्थ सूर्य पापग्रह से दृष्ट हो तो जातक राजा होता है । जिसकी सेना के चलने से धुलि उड़कर सूर्य के प्रकाश को नष्ट कर देती है । इसलिए सूर्यास्त भ्रम से व्याकुल होकर कमलिनी संकोच को प्राप्त हो जाती है अर्थात् खिली हुई भ्रम से बंद हो जाती है ।

(102) त्रिभुवनाधिप राजयोग

निष्पत्ति — **क्रूरैर्नीचै रिपुभवनगैः षष्ठदुश्चिक्यगैर्वा**
सौम्यैः स्वोच्चं परमुपगतै निर्मलैः केन्द्रगैश्च ।

आज्ञां याते शिशिर किरणे कर्कटस्थे निशाया-
मेकच्छत्रं त्रिभुवनमिदं यस्य स क्षत्रियेश: ॥131 ॥

परिणाम — जिसकी कुंडली में समस्त पाप ग्रह नीचराशि में स्थित होकर शत्रु के घर में षष्ठ व तृतीय भाव में हों तथा निर्मल शुभग्रह अपने-अपने परमोच्चांश में स्थित होकर केंद्र में हों व चंद्रमा कर्क राशिस्थ दशमभाव में हो और रात्रि का जन्म हो तो जातक एकछत्र त्रिभुवन का राजा होता है ।

(103) अन्य राजयोग ज्ञान

निष्पत्ति — होरालेखामुपेत: स्फुटकरनिकरै: पूरितागं सुरेज्य-
श्चन्द्र: शुक्लार्धदेहो भवभवनगत: स्वेन पुत्रेण दृष्ट: ।
चन्द्राद्भानुर्द्वितीये यदि भवति तदा नैव दृष्ट: कुजेन
प्रायो जायेत भूभृद्बहुगजतुरगक्षुण्णभूपृष्ठपीठ: ॥132 ॥

परिणाम — यदि कुंडली में स्पष्ट किरण समूहों से परिपूर्ण गुरु लग्न में व अर्द्ध शुक्ल देहधारी चंद्रमा एकादश भाव में बुध से दृष्ट हो तथा चंद्रमा से द्वितीय भाव में सूर्य, भौम की दृष्टि से रहित हो तो जातक प्राय: अधिक हाथी-घोड़ों से युक्त भूमि का राजा होता है ।

(104) शत्रुंजित राजयोग

निष्पत्ति — रविशशिकुजैर्मेषे लग्ने सितार्किबुधैर्वृषे
धनुषि नवमे देवेज्ये च स्वभांशमुपागते ।
रविरपि यदि स्वोच्चे वर्ग प्रधानबलोदयो
भवति नृपति: सिद्धाज्ञातो हतारिरणोद्भव: ॥133 ॥

परिणाम — यदि कुंडली में मेष लग्न में सूर्य, चंद्रमा, भौम हों तथा वृष राशि में शुक्र, शनि, बुध हों व अपने नवांश में धनुराशिस्थ गुरु हो एवं सूर्य भी उच्च वर्ग में प्रधान अंश (परमोच्चांश) में हो तो जातक सिद्ध आज्ञा से युद्ध में शत्रुओं को पराजित करने वाला किंवा विद्वान् शत्रुंजित राजा होता है ।

(105) विमल कीर्तिमान् राजयोग

निष्पत्ति — सितशशिसुतजीवै: पंचमस्थैर्नभोगै
रविरपि रिपुराशौ स्वोच्चगे भूमि पुत्रे ।

तपसि च रविपुत्रे जायते पार्थिवेन्द्रः
प्रथितविमल कीर्तिर्दानधर्मप्रतापैः ।।134 ।।

परिणाम — यदि कुंडली में शुक्र बुध, गुरु पंचमभाव में, सूर्य भी षष्ठ भाव में व अपनी उच्चराशि में भौम और नवम् में शनि हो तो जातक दान-धर्म व पराक्रम से प्रसिद्ध, शुभ कीर्तिवाला राजा होता है ।

(106) प्रसिद्ध यशस्वी राजयोग

निष्पत्ति— त्रिदशगुरो रविर्हिमकरस्य भृगोस्तनयो
रवितनयः कुजस्य खलु दृष्टिपथं च गतः ।
भवति विलग्नगो यदि चरोदयराशिगतः
प्रथितयशा भवेत्क्षितिपतिः क्षपितारिगणः ।।135 ।।

परिणाम — यदि कुंडली में चर राशि का लग्न हो तथा गुरु से सूर्य, चंद्रमा से शुक्र व भौम से शनि दृष्ट हो तो जातक शत्रुओं को जीतने वाला प्रसिद्ध यशस्वी राजा होता है ।

(107) स्वभुज विजयी राजयोग

निष्पत्ति — बुधः कन्यालग्ने सुरपतिगुरूश्चवै तिमिगः
स्थितः क्षोणीपुत्रः प्रथमभवने वीर्यसहितः ।
शनिः शत्रुस्थाने त्रिदशरिपुपूज्यश्च हिबुके
यदैवं स्यात्सूतौ स्वभुजविजयी भूपतिरिह ।।136 ।।

परिणाम — यदि कुंडली में कन्या लग्न में बुध हो तथा मीन राशि में गुरु व मेष राशि में बली भौम, शनि षष्ठ भाव में, शुक्र चतुर्थ भाव में हो तो जातक अपने भुज (हाथ) बल से विजयी होने वाला राजा होता है ।

(108) प्रसिद्ध राजयोग

निष्पत्ति — यमे विलग्ने मकरप्रतिष्ठिते
दिवाकरे द्यूनगते सितेऽष्टमे ।
कुजेऽलिगे कर्कटगे निशाकरे
भवेत्प्रसिद्धो जगतीश्वरो नृपः ।।137 ।।

परिणाम — यदि कुंडली में मकर लग्न में शनि, सप्तम भाव में सूर्य, अष्टम भाव में शुक्र, वृश्चिक राशि में भौम, कर्क राशि में चंद्रमा हो तो जातक जगत् का स्वामी प्रसिद्ध राजा होता है ।

(109) अस्थिर स्वभावी राजयोग

निष्पत्ति— **मृगोदये भूमिसुते सुनिर्मले शनिश्चरे धर्मगृहे व्यवस्थिते।**
दिवाकरे सप्तमगे सहेन्दुना चलस्वभावो नृपतिः प्रजायते ।।138 ।।

परिणाम — यदि कुंडली में मकर लग्न में निर्मल भौम, नवम भाव में शनि, सप्तम भाव में चंद्रमा के साथ सूर्य हो तो जातक अस्थिर स्वभाव का राजा होता है ।

(110) अजेय राजयोग

निष्पत्ति— **शनिश्चरे लग्नगते सचन्द्रे बृहस्पतौ सप्तमराशिगे च।**
शुक्रेण दृष्टे शशिजे स्वतुगें जायेत पृथ्वीपतिरप्रधृष्यः ।।139 ।।

परिणाम — यदि कुंडली में लग्न में शनि, सप्तम भाव में चंद्रमा के साथ गुरु, अपनी उच्चस्थ (कन्या) राशि में बुध, शुक्र से दृष्ट हो तो जातक शत्रुओं से अजेय राजा होता है ।

(111) द्विज-देवभक्त राजयोग

निष्पत्ति — **चापे भवेत्सुरगुरुर्हितदृष्टिशुद्धो**
लग्ने सुरारिर्दायतः शशिनि स्वराशौ।
वापीतड़ागसुरवेश्मकरो नरोऽत्र
जायेत मानवपतिर्द्विजदेवभक्तः ।।140 ।।

परिणाम — यदि कुंडली में मित्रग्रह से दृष्ट गुरु-धनु राशि में, शुक्र लग्न में, चंद्रमा कर्क राशि में हो तो जातक वापी-तालाब-देवालयों का निर्माण करने वाला, ब्राह्मण व देवताओं का भक्त राजा होता है ।

(112) सर्ववंदित राजयोग

निष्पत्ति — **एकः स्वोच्चे शुभगगनगः संस्थितो निर्मलांशुः**
केन्द्रे भानुः प्रकटितकरः केवलः पूर्णवीर्यः ।

दृष्टः कुर्यादमरगुरुणा पंचमस्थेन जातं
भूमेर्नाथं बहुगजपतिं सर्ववन्द्यं कृतार्थम् ।।141 ।।

परिणाम — यदि कुंडली में स्वच्छ किरणों से युक्त एक शुभग्रह उच्च में हो व पूर्ण बलवान् प्रत्यक्ष किरणों से युत केंद्र में केवल सूर्य, पंचमस्थ गुरु से दृष्ट हो तो जातक अधिक हाथियों का स्वामी, कृतार्थ व जगत से वंदित राजा होता है ।

(113) बाहुबल से शत्रु को जीतने वाला राजयोग

निष्पत्ति — **षष्ठे कुजार्किरवयः सहजेऽथवाऽपि**
सिंहे सुरारिसचिवोऽथ भवर्क्षसंस्थः ।
दृष्टः शुभैर्दिनकरैन्दुविहीनदृष्टिः
कुर्यान्नृपं स्वभुजनिजीर्तिशत्रुपक्षम् ।।142 ।।

परिणाम — यदि कुंडली में षष्ठ भाव में वा तृतीय भाव में भौम-शनि-सूर्य हों तथा एकादश भाव में सिंहस्थ गुरु शुभग्रहों से दृष्ट हो व सूर्य-चंद्रमा से अदृष्ट हो तो जातक अपने बाहुबल से शत्रुपक्ष को पराजित करने वाला राजा होता है ।

(114) तुला लग्न में राजयोग

निष्पत्ति — **वहति मृदुसमीरे निर्मलव्योममध्ये**
विमलनिरुपसर्गाः खेचरा वृत्तवैराः ।
उदयति सुरवन्द्ये मंडले मातृकाणां
यदि वृषभगृहस्थो भार्गवः स्यात्क्षितीशः ।।143 ।।

परिणाम — यदि जन्म के समय में सुंदर वायु चलती हो व आकाश निर्मल हो तथा त्यक्तवैर विमल उत्पात रहित सब ग्रह हों एवं तुला लग्न में गुरु हो और वृष राशिस्थ शुक्र हो तो जातक राजा होता है ।

(115) कीर्तिमान् राजयोग ज्ञान

निष्पत्ति — **शशिबुधरुधिराख्यैः स्वांशकस्थैर्न नीचैः-**
व्ययगृहसहजस्थैर्नापि सूर्यप्रविष्टैः ।

तनयभवनसंस्थे वाक्पतौ चंद्र युक्ते
भवति मनुजनाथः कीर्तिशुक्लीकृताशः ॥144 ॥

परिणाम — यदि कुंडली में चंद्रमा, बुध व भौम अपने-अपने नवंशों में स्थित होकर द्वादश व तृतीय भाव में हों तथा नीच राशि में एवं सूर्य के साथ अस्त न हों और पंचम भाव में गुरु, चंद्रमा का योग हो, तो जातक अपनी कीर्ति से दिशाओं को शुभ्र करने वाला राजा होता है ।

(116) पुष्कल नामक राजयोग

निष्पत्ति — **अधिमित्रगते केंद्रे जन्माधिमतिर्विलग्नपतियुक्तः ।**
पश्यति बलपरिपूर्णो लग्नं स्थात्पुष्कलो योगः ॥145 ॥
पुष्कलयोगे पुरुषा जायन्ते भूमिपालका नित्यम् ।
सुचिरं भ्रमंति हतरिपुगजमदगंधेन वासितदिगंताः ॥146 ॥

परिणाम — यदि कुंडली में अधिमित्र ग्रह की राशि में जन्मराशीश व लग्नेश पूर्ण बलवान् केंद्र में स्थित होकर लग्न को देखते हों तो पुष्कल योग होता है । इस पुष्कल योग में जायमान पुरुष राजा होता है । वह मारे हुए शत्रुओं के हाथियों के मदजल सुगंध से दिशाओं को व्याप्त करता हुआ अधिक समय तक घूमता है ।

(117) अन्य राजयोग

निष्पत्ति — **राश्यादौ लग्नपतिः करोति जात नरेंद्रदंडपतिम् ।**
मध्ये मंडलनाथं ग्रामपतिचैव भवनान्ते ॥147 ॥

परिणाम — यदि कुंडली में बलवान् लग्नेश राजयोग राशि की आदि में हो तो जातक राजाओं को दंड देने वाला, राशि के मध्य में लग्नेश हो तो ज़िले का स्वामी, राश्यंत में हो तो ग्राम का मुखिया होता है ।

(118) नक्षत्रगत राजयोग

निष्पत्ति — **पौष्णे फाल्गुन्यां वा मूले पुष्ये व भास्करः कुरुते ।**
लग्नगतो नरनाथं योजनशतमात्रके देशे ॥148 ॥

परिणाम — यदि कुंडली में लग्नस्थ सूर्य, रेवती व दोनों फाल्गुनी वा मूल वा पुष्य नक्षत्र में हों तो जातक सौ योजन भूमि तक देश का राजा होता है ।

(119) नक्षत्रगत राजयोग

निष्पत्ति — **कृत्तिकारेवतीस्वातीपुष्यस्थायी भृगोः सुतः ।**
करोति भूभुजां नाथमश्वन्यामपि संस्थितः ॥149 ॥

परिणाम — यदि कुंडली में शुक्र, कृत्तिका या रेवती वा स्वाती व पुष्य व अश्विनी नक्षत्र में स्थित हो तो जातक राजाओं का राजा होता है ।
जातकाभरण राजयोग अध्याय श्लोक 66 में कहा है—
"कृत्तिका रेवती स्वाती पुष्यस्थायी भृगोः सुतः ।
करोति भूभुजां नाथमश्विन्यापि संस्थितः"

(राजयोग 66 श्लोक)

(120) सार्वभौम राजयोग

निषपत्ति — **विदधाति सार्वभौमं लग्नांशपतिः स्वतुंगगः केन्द्रे ।**
नृपतिं लग्नाधिपतिजंमाधिपतिर्धनसमृद्धम् ॥150 ॥

परिणाम — यदि कुंडली में लग्नस्थ नवांश का स्वामी अपनी उच्चस्थ राशि का होकर केंद्र में हो तो जातक सार्वभौम राजा होता है ।
यदि लग्नेश व जन्म राशीश केंद्र में हों तो जातक धन से संपन्न राजा होता है ।

(121) अन्य सार्वभौम योग

निष्पत्ति — **मीने निशाकरः पूर्णः सुहृद्ग्रहनिरीक्षितः ।**
सार्वभौमं नरं कुर्यात्सिद्धाज्ञांक न संशयः ॥151 ॥

परिणाम — यदि कुंडली में परिपूर्ण चंद्रमा मीन राशि में अपने मित्रगृह से दृष्ट हो तो जातक सिद्ध आज्ञा वाला निश्चय सार्वभौम राजा होता है । अर्थात् बहुत ही प्रभावशाली व्यक्ति होता है ।

(122) अन्य राज योग

निष्पत्ति — **याते भौमे कर्मस्थानं**
शिशिरकरभृगुसुतैस्तपः समवस्थितैः ।

आये स्वोच्चे प्राप्तो भानु-
स्त्रिदशमतिसचिवसहितो यदि प्रसवे भवेत् ।।152 ।।
क्षोणीभर्ता याने यस्य प्रविचलिततुरगरजसा दिशपरितो गतः ।
एवं कर्तुर्भूयो भूयो धरणितलपरिमलसुखं प्रयान्ति रवेर्हयाः ।।151 ।।

परिणाम— यदि कुंडली में भौम दशमभाव में व चंद्रमा-शुक्र नवमभाव में और उच्चस्थ सूर्य गुरु के साथ एकादश भाव में हो तो जातक राजा होता है । जिसकी सेना के चलने पर घोड़ों के पादों से उड़ी हुई धूलि दिशाओं में व्याप्त होकर सूर्य के घोड़ों को भूमि के सुगंध का सुख अनुभव कराती है ।

(123) वर्धितश्री राजयोग

निष्पत्ति — **शशिसहिते केंद्रस्थे शनैश्चरे भवति जारजातस्तु ।**
राजा भुवि गजतुरंगग्रामधनैर्वर्धितश्रीकः ।।154 ।।

परिणाम — यदि कुंडली में चंद्रमा के साथ शनि केंद्र में हो तो अन्य से उत्पन्न होने पर भी जातक हाथी-घोड़ा-ग्राम व धन से धन को बढ़ाने वाला राजा होता है ।

(124) शत्रु जेता राजयोग

निष्पत्ति— **शुक्रवाक्पतिबुधैर्धनसंस्थैर्द्यूनगैः शशिरविक्षितिपुत्रैः ।**
जायते क्षितिपतिःपृथुवक्षाः सर्वतः क्षपितशत्रुसमूहः ।।155 ।।

परिणाम — यदि कुंडली में शुक्र-गुरु-बुध-धन भाव में हों तथा सप्तम भाव में चंद्रमा-सूर्य-भौम हों तो जातक विशाल हृदय का, चारों तरफ शत्रुसमूह का नाशक राजा होता है ।

विशेष — इस श्लोक में सप्तम भाव में सूर्य की स्थिति गणित शास्त्र से विरोध उत्पन्न करती है क्योंकि सूर्य व शुक्र-बुध का अंतर तीन राशि से अधिक है । जातकाभरण में सूर्य के स्थान पर शनि पठित है ।
जातकाभरण में कहा है—
"धनस्थिताः सौम्यिसितामरेज्या मंदारचंद्रा यदि सप्तमस्थाः ।
यस्य प्रसूतौ स तु भूपतिः स्यात् ।।

(125) अन्य राजयोग

निष्पत्ति — **भानुः प्राणी शशिगृहयुतः शीतरश्मिश्च तस्मि-**
न्नेकः स्वोचे यदि गगनगो निर्मलः पूर्णरश्मिः ।
लग्नं प्राप्तः सुरपतिगुरुः षष्ठगः स्यात्क्षितीश-
श्छन्नो यस्य प्रचलितचमूरेणुभिर्व्योममार्गः ॥156 ॥

परिणाम — यदि कुंडली में बलवान् रवि, चंद्रमा की राशि (कर्क) में चंद्रमा से युत हो व कोई एक ग्रह निर्मल (स्वच्छ) पूर्ण किरणों वाला उच्च राशि में लग्न में हो एवं गुरु षष्ठ भाव में हो तो जातक राजा होता है । जिसकी सेना के चलने पर धूलि से आकाश मार्ग आच्छादित हो जाता है ।

(126) संसार का कल्याणकारी राजयोग

निषपत्ति — **कुंभस्याष्टमभागे त्रिकोणसंस्थे पिऽच निशानाथे ।**
जातो भवत्यवश्यं राजा शुभदः समस्तलोकस्य ॥157 ॥

परिणाम — यदि कुंडली में कुंभ राशि के अष्टम नवांश में चंद्रमा त्रिकोणस्थ (5/9) हो तो जातक संसार का कल्याण करने वाला अवश्य राजा होता है ।

जातकाभरण में कहा गया है—"**कुंभाष्टमांशे शशिनि त्रिकोण ॥**"

(127) अंशात्मक राजयोग

निष्पत्ति — **मेषस्य सप्तमांशे करोति पृथ्वीसुतः स्थितो नृपतिम् ।**
एकाधिकविंशेऽशे नरमिथुनांशे भवेद्भपः ॥158 ॥

परिणाम — यदि कुंडली में मेष राशि के सप्तम अंश में अथवा मिथुन राशि के 21वें अंश में भौम हो तो जातक राजा होता है ।

(128) अंशात्मक राजयोग

निष्पत्ति — **कुंभस्य पंचदशके भागे चंद्रः स्थितो महीपालम् ।**
कर्कटकस्य च दशमें करोति पुरुषं सदा प्रभवे ॥159 ॥

परिणाम — यदि कुंडली में कुंभ राशि के 15 वें अंश में अथवा कर्क राशि के दशवें अंश में चंद्रमा हो तो जातक राजा होता है ।

(129) अंशात्मक राजयोग

निष्पत्ति — **धनुषि च विंशे जीवः करोति नृपतिं स्थितो जनख्यातम्।**
सिंहस्य पंचमांशे तथा च हेलिर्बुधो ज्ञेयः ॥160॥

परिणाम — यदि कुंडली में धनु राशि के बीसवें अंश में गुरु हो वा सिंह राशि की पांचवें अंश में सूर्य या बुध हो तो जातक संसार में प्रसिद्ध राजा होता है।

(130) अंशात्मक राजयोग

निष्पत्ति — **एकस्मिपंचकृतौ पंचदशस्वास्थितश्चंद्रः।**
भागेषु वीरनृपतिं करोतिं भुजलब्धपृथ्वीकम् ॥161॥

परिणाम — यदि कुंडली में किसी भी राशि के 15वें अंश में एक ही राशि के पांच वर्गों में चंद्रमा स्थित हो तो जातक अपनी भुजाओं से भूमि को प्राप्त करने वाला वीर राजा होता है।

(131) अंशात्मक राजयोग

निष्पत्ति — **मकरस्य पंचमांशे करोति रविजो नरेश्वरं सुनयम्।**
योगे भूतलतिलकं धर्मज्ञं शास्त्रनिरतं च ॥162॥

परिणाम — यदि कुंडली में शनि, मकर राशि के पांचवें अंश में हो तो जातक इस योग में सुंदर नीतिज्ञ वा सौभाग्यवान् धर्मात्मा, शास्त्र में लीन व भूमि का भूषण राजा होता है।

(132) अंशात्मक राजयोग

निष्पत्ति — **कर्कटके शशिजीवौ पंचसु भागेषु संस्थितौ कुरुतः।**
भूमिपतिमप्रधृष्यं रविरिव सर्वग्रहणस्य ॥163॥

परिणाम — यदि कुंडली में कर्क राशि के पांचवें अंश में चंद्रमा व गुरु हों तो जातक अजेय राजा होता है। जैसे समस्त ग्रहों का राजा सूर्य है।

(133) सार्वभौम राजयोग

निष्पत्ति — **चंद्रः पुष्ये नृपतिं वर्गोत्तमकृत्तिकाश्विनीसंस्थः ।**
विदधाति सार्वभौमं त्रिपुष्करे वाऽपि परिपूर्णः ॥164 ॥

परिणाम — यदि कुंडली में पुष्य नक्षत्र में वा वर्गोत्तम नवांश वा कृत्तिका वा अश्विनी वा त्रिपुष्कर योग में परिपूर्ण चंद्रमा हो तो जातक सार्वभौम राजा होता है ।

(134) मंगलगत राजयोग

निष्पत्ति — **अश्विन्यनुराधास्थः स्थितः श्रविष्ठासु पार्थिवं भौमः ।**
कुरुते स्वोच्चमुपगतो वर्गोत्तमगश्च नान्यत्र ॥165 ॥

परिणाम — यदि कुंडली में अश्विनी वा अनुराधा वा धनिष्ठा वा उच्चया, वर्गोत्तम में भौम हो तो जातक राजा होता है । अन्य स्थिति में नहीं होता है ।

(135) अतुल्य बलवान् राजयोग

निष्पत्ति— **व्योम्नि शंखधवलो निशाकरो भार्गवस्तपसि संस्थितः शुचिः ।**
आयगाश्च यदि सर्व एव ते स्यान्महीपतिरतुल्यपौरुषः ॥166 ॥

परिणाम — यदि कुंडली में शंख के समान शुभ्र कांति वाला चंद्रमा दशम भाव में, पवित्र शुक्र नवम भाव में और अवशिष्ट समस्त ग्रह लाभ भाव में हों तो जातक असमान पराक्रमी राजा होता है ।

(136) अहंकारी राजयोग

निष्पत्ति — **चंद्रादुपचयसंस्था गगनसदःसर्व एव यदि सूतौ ।**
जायेत माननिलयः समस्तपृथ्वीपतिः पुरुषः ॥167 ॥

परिणाम — यदि कुंडली में चंद्रमा से उपचय (3,6,10,11) भाव में समस्त ग्रह हों तो जातक अहंकारी (अभिमानी) समस्त भूमंडल का राजा होता है ।

(137) कुबेर के समान धनी राजयोग

निष्पत्ति — **जीवनिशाकरसूर्याः पंचमनवमतृतीयगा वक्रात्।**
यदि भवति तदा राजा कुबेरतुल्यो धनैर्वासौ ॥168 ॥

परिणाम — यदि कुंडली में मंगल से पंचम, नवम, तृतीय भावों में गुरु, चंद्रमा, सूर्य हों तो जातक धन में कुबेर के समान धनी राजा होता है।

(138) त्रिसमुद्रपारंग राजयोग

निष्पत्ति— **रविस्तृतीये भृगुनंदनः सुखे बुधस्य चान्यं यदि पंचमे स्थिताः।**
न नीचराशौ न च शत्रुवेश्मगा भवेन्नरेंद्रस्त्रिसमुद्रपारगः ॥169 ॥

परिणाम — यदि कुंडली में बुध से तृतीय भाव में सूर्य, चतुर्थ में शुक्र हो तथा पंचम भाव में अवशिष्ट ग्रह हों और नीच राशिस्थ व शत्रु राशिस्थ न हों तो जातक तीन समुद्र पर्यंत पृथ्वी का राजा होता है।

(139) अन्य राजयोग

निष्पत्ति— **बृहस्पतेर्भौमदिवाकरेन्दवो गता द्वितीयांबुनभः स्थलं क्रमात्।**
विपक्षराशौ परिशेषखेचरा यदा तदा भूमिपतिर्नृपात्मजः ॥170 ॥

परिणाम — यदि कुंडली में गुरु से द्वितीय, चतुर्थ, दशम भावों में भौम, सूर्य चंद्रमा स्थित हों और अवशिष्ट ग्रह षष्ठ भाव में हों तो जातक राजकुल में पैदा होने पर राजा होता है।

(140) प्रकारान्तर से राजयोग

निष्पत्ति— **भृगोरपत्यादबुधभास्करात्मजौ चतुष्टस्थौ परिशेषखेचराः।**
तृतीयलाभर्क्षगतास्तु ते यदा महीपतिं कुर्युरसंशयं तदा ॥171 ॥

परिणाम — यदि कुंडली में शुक्र से केंद्र में बुध व शनि हों तथा अवशिष्ट ग्रह तृतीय व लाभ भाव में हों तो जातक निश्चय राजा होता है।

(141) सिंहासनाधिशायी राजयोग

निष्पत्ति— **शुक्रबुधौ रवितनयात्केन्द्रे वाचस्पतिर्भवेदुच्चे।**
सिंहासनाधिशायी यदि राजा स्वोच्चगाश्च परिशेषाः ॥172॥

परिणाम — यदि कुंडली में शनि से केंद्र (1,4,7,10) में शुक्र व बुध हों तथा शेष ग्रह उच्च राशि में हों तो जातक सिंहासन पर शयन करने वाला राजा होता है।

(142) अन्य राजयोग

निष्पत्ति — **सवितुस्तृतीयपंचलाभर्क्षसमाश्रिताः सदा यस्य।**
सर्वे ग्रहाः स नृपतिर्मन्त्री सेनापतिर्वाऽपि ॥173॥

परिणाम — जिसकी कुंडली में सूर्य से तृतीय, एकादश, पंचम राशि में समस्त ग्रह हों तो जातक राजा वा सचिव वा सेना का स्वामी होता है।

(143) पृथ्वी जीत राजयोग

निष्पत्ति— **लग्नपतेः स्फुटरश्मेः पापा लाभे शुभाश्च केन्द्रस्थाः।**
यदि भवति तदा नृपतिः स्वभुजार्जितसर्वभूमितलः ॥174॥

परिणाम — यदि कुंडली में स्पष्ट रश्मि लग्नेश से एकादश भाव में सब पाप ग्रह व केंद्र (1,4,7,10) में सब शुभ ग्रह हों तो जातक अपने बाहुबल से पृथ्वी को जीतने वाला राजा होता है।

(144) नृप वंदित राजयोग

निष्पत्ति — **लाभे तृतीयषष्ठे पापा जन्मपस्य शुभदृष्टाः।**
भवति तदा धरणीशः समस्तनृपवन्दितः ॥175॥

परिणाम — यदि कुंडली में जन्म राशीश से एकादश, तृतीय, षष्ठ भावों में समस्त पाप ग्रह, शुभ ग्रहों से दृष्ट हों तो जातक समस्त राजाओं से वंदनीय राजा होता है।

(145) अन्य राजयोग

निष्पत्ति — विंचरति सुरपूज्यो मेषभेऽथापि सिंहे
दहनकिरणदृष्टे भूमिपुत्रे स्वराशौ ।
न च गगनविचारी कश्चिदेकोऽपि नीचे
यदि नृपतिसमुत्थो जायते पार्थिवेन्द्रः ॥176 ॥

परिणाम — यदि कुंडली में मेष राशि में वा सिंह राशि में गुरु हो तथा स्वराशिस्थ भौम, सूर्य से दृष्ट हो और कोई एक भी ग्रह नीच राशिस्थ न हो तो जातक-राजकुल में जन्म लेने पर राजा, अन्य कुल में उत्पन्न होने पर धनवान् होता है ।

(146) सुनफादि योग में भी राजयोग

निष्पत्ति — चंद्राद्ग्रहैर्निगदिताः सुनफादयश्च
केंद्रस्थितैर्यदि भवन्ति च तेऽत्रायोगाः ।
विश्वंभराधिपकुलेषु महत्सु जाता
योगेषु तेषु मनुजेश्वरतां लभंते ॥177 ॥

परिणाम — चंद्रमा से सुनफा-अनफा दुरुधरा योगों का वर्णन पूर्व में किया गया है । यदि केंद्र में ये योग कुंडली में उपलब्ध हों तो बड़े राजकुल में इन योगों (सुनफादि) में उत्पन्न होने पर भी जातक राजा होता है ।

(147) अतुलकीर्तिमान् राजयोग

निष्पत्ति— केन्द्रगौ यदि तु जीवशशांकौ यस्य जन्मनि च भार्गवदृष्टौ ।
भूपतिर्भवति सोऽतुलकीर्तिर्नीचगो यदि न कश्चिदिह स्यात् ॥178 ॥

परिणाम — जिसकी कुंडली में गुरु व चंद्रमा केंद्र में हों तथा शुक्र से दृष्ट हों और कोई भी अन्य ग्रह नीच राशि में न हो तो जातक अतुल कीर्तिवान् राजा होता है ।

(148) सार्वभौम राजयोग

निष्पत्ति — उदयशिखरिसंस्थो भार्गवो यत्र तत्र
बुधरविसुतदृष्टः स्वांशकस्थोऽतिवीर्यः ।
जनयति नरनाथं वाक्पतौ पंचमस्थे ।
भुजबलहतशत्रुं सार्वभौमं गजाढ्यम् ॥179 ॥

परिणाम — यदि कुंडली में अधिक बलवान् शुक्र अपने नवांश में स्थित होकर लग्न में हो व बुध, शनि से दृष्ट हो और पंचम भाव में गुरु हो तो जातक-अपने बाहु (हाथ) बल से शत्रु को मारने वाला, हाथियों से युक्त सार्वभौम राजा होता है ।

(149) सूर्य-चंद्र गत राजयोग

निष्पत्ति — **सिंहे कमलिनीनाथः कुलीरस्थो निशाकरः ।**
दृष्टौ द्वावपि जीवेन पार्थिवं कुरुतस्तदा ॥180 ॥

परिणाम — यदि कुंडली में सिंह राशि में सूर्य हो तथा कर्क राशि में चंद्रमा हो और दोनों (सूर्य, चंद्र) गुरु से दृष्ट हों तो जातक राजा होता है ।

(150) स्थूल महीपति योग

निष्पत्ति — **बुध कर्कटमारुढ़ो वाक्पतिशच धनुर्धरम् ।**
सूर्यभूतुतदृष्टौ च यदि स्फीतो महीपतिः ॥181 ॥

परिणाम — यदि कुंडली में कर्क राशि में बुध हो व धनुराशि में गुरु हो और दोनो सूर्य-भौम से दृष्ट हों तो जातक स्थूल देहधारी राजा होता है ।

(151) अन्य राजयोग

निष्पत्ति — **शफरीयुगले चन्द्रः कर्कटे च बृहस्पतिः ।**
शुक्रः कुंभे यदा शक्तस्तदा राजा भवेदिह ॥182 ॥

परिणाम — यदि कुंडली में मीन राशि में चंद्रमा हो व कर्क राशि में गुरु हो एवं कुंभ राशि में शुक्र हो तो जातक राजा होता है ।

(152) अन्य राजयोग

निष्पत्ति — **सितदृष्टः शनिः कुंभे पद्मिनीदयितो भवे ।**
चंद्रे जलचरे राशौ यदि जातो नृपो भवेत् ॥183 ॥

परिणाम — यदि कुंडली में कुंभस्थ शनि शुक्र से दृष्ट हो व सूर्य एकादश भाव में हों तथा जलचर राशि में चंद्रमा हो तो जातक राजा होता है ।

(153) प्रकारांतर से राजयोग

निष्पत्ति — **कुजोऽलिंगोऽ मेष रविजीवनिरीक्षितः।**
वृषे ज्ञो शुक्रसदृष्टस्तदाऽपि पृथिवीपतिः ॥184॥

परिणाम — यदि कुंडली में भौम-वृश्चिक राशि में वा मेष राशि में सूर्य-गुरु से दृष्ट हो व वृषस्थ बुध शुक्र से दृष्ट हो तो भी जातक राजा होता है।

(154) अन्य राजयोग

निष्पत्ति — **अमलवपुरवक्रः कैरवाणां विकासी**
स्वगृहमथ नवांशं स्वोच्चभांशं गतो वा।
हितगगननिवासैः पचंभिर्दृश्यमानो
जनयति जगतीशं नीचभे नो यदि स्यात् ॥185॥

परिणाम — यदि कुंडली में निर्मल देह धारी परिपूर्ण चंद्रमा अपनी राशि (कर्क) में वा अपने नवांश में वा उच्चराशि (वृष) के नवांश में पांच मित्र (तात्कालिक) ग्रहों से दृष्ट हो और नीच राशि में कोई ग्रह न हो तो जातक राजा होता है।

(155) अन्य राजयोग

निष्पत्ति — **लाभे मंदो गुरुभृगुसुतावुद्गमे खे शशांको**
वन्धावर्कौ बुधकुतनयौ वक्रगौ चेत्स भूप।
यत्सेनायास्ततमदजलक्षोभतो वारणेन्द्रै-
र्भूयः सेतोः स्मरति सहसा क्षोभितांतोऽम्बुराशिः ॥186॥

परिणाम — यदि कुंडली में एकादश भाव में शनि हो व लग्न में गुरु-शुक्र हों एवं दशमभाव में चंद्रमा व चतुर्थ में सूर्य तथा बुध भौम वक्री हों तो जातक राजा होता है। जिसकी सेना के हाथियों से विस्तृत मद जल क्षोभ से क्षुब्धांत करने वाला समुद्र भटिति फिर (पुनः) सेतु बन्धन का स्मरण करता है।

विशेष — पाठांतर से बुध द्वितीय भाव में वर्णित है किंतु सूर्य व बुध का व लग्नस्थ शुक्र व सूर्य का अंतर तृतीय व चतुर्थ राशयंतर गणित विरुद्ध प्रतीत होता है।

राजयोग पर उद्धृत जन्म पत्रिकाएँ

1. श्री कृष्ण भगवान और राजयोग

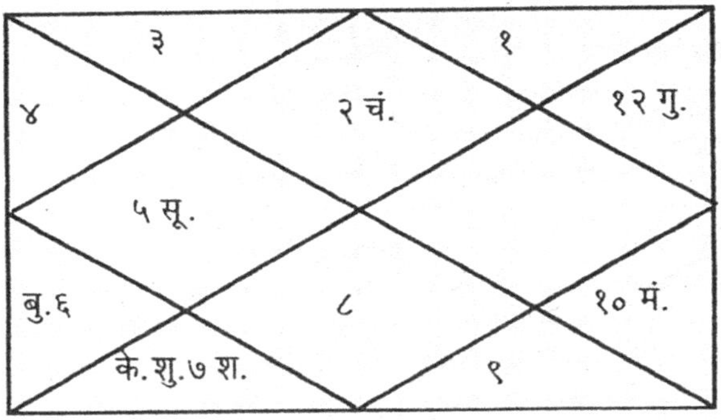

जन्म —(ईसा) 5158 वर्ष पूर्व, भाद्रपद माह, कृष्ण पक्ष अष्टमी बुधवार ; जन्म-नक्षत्र—रोहणी
जन्म स्थान — नंदगांव (मथुरा) उत्तरप्रदेश; जन्म-समय — 21-00 (रात्रि)

चंद्रमा, मंगल, बुध, बृहस्पति, और शनि यह पाँच ग्रह उच्च के होने से राजयोग हुआ। शुक्र व सूर्य स्वगृही हैं। इस प्रकार सातों ग्रह उत्तरोत्तर श्रेष्ठ स्थिति में हैं।

नभश्चराः पंच निजोच्चसंस्था।
यस्य प्रसूतौ स तु सार्वभौम॥

— बृहद् योगरत्नाकर / पृ० 66

भगवान् श्री कृष्ण चंद्रप्रधान होने के कारण षोडशकला अवतार थे। यह कुंडली भी इस बात को पुष्ट करती है। प्रायः जन्मपत्रिका के प्रारंभ में अनिष्ट निवारण एवं शुभदर्शन हेतु भगवान् श्रीकृष्ण की कुंडली प्रस्तुत की जाती है। इस कुंडली के पांचों पंच यहां पुरुष योग के साथ सभी प्रकार के राजयोग संयुक्त रूप से सम्मिलित हैं।

2. भगवान् श्रीराम और राजयोग

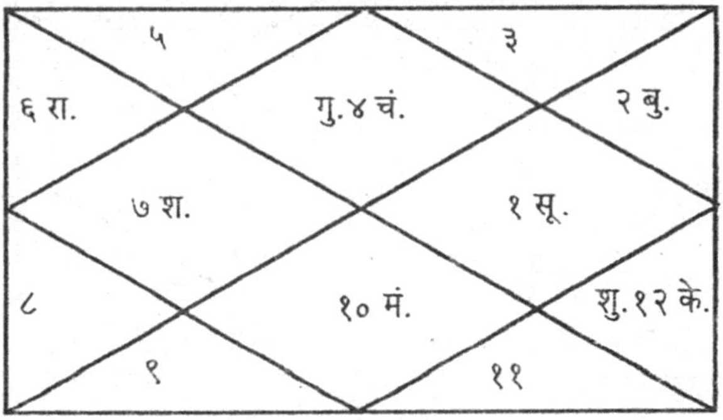

जन्म — चैत्र शुक्ल नवमी; जन्म-नक्षत्र—पुष्य; जन्म-समय — अभिजित, दोपहर 12-00 बजे
जन्म-स्थान — अयोध्या (उत्तर प्रदेश)

मेष का सूर्य, कर्क का बृहस्पति, तुला का शनि, मकर का मंगल—ऐसे ग्रह चारों केंद्र में होने से **चतु:सागर नाम का उत्तम** राजयोग हुआ। यथा—

स्वोच्चे गुरुतनुगत: स्वगृहे शशांक:
शुक्रो इषे परममुच्चमितोऽसितश्च।
मेषे तथैव भगवान्सविता कुज: स्व—
वर्गाधिपो यदि भवेन्नृपति: प्रजात:॥

— बृहद् योगरत्नाकर/पृ० 41

अथवा

कर्कलग्ने जीवयुक्ते लाभे चन्द्रज्ञ भार्गवा:।
मेषे भानो च यो जात: स राजा विश्वपालक:॥

— बृहद्योगरत्नाकर/पृ० 163

सूर्य उच्च का होने के कारण ये द्वादश कला अवतार थे। इसमें पांचों पंच महापुरुषयोग, पद्मसिंहासन योग के साथ सभी प्रकार के राजयोग संयुक्त रूप से सम्मिलित हैं।

3. महाराजा विक्रम और राजयोग

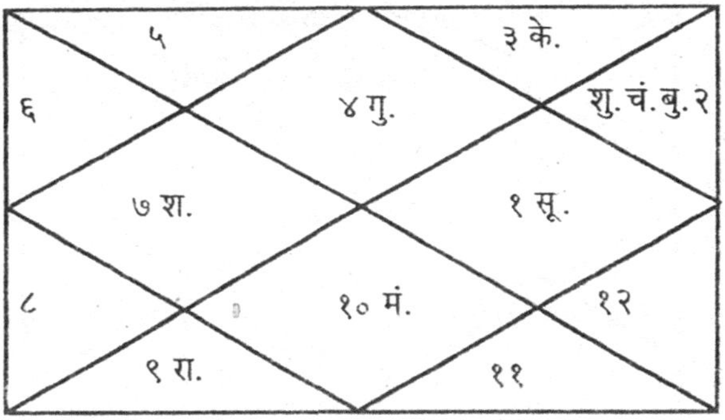

जन्म —ईसा से 157 वर्ष पूर्व; वैशाख शुक्ल 13; जन्म-समय — दोपहर 12-00 बजे
जन्म-स्थान — उज्जैन (मध्य प्रदेश)

लग्न में उच्च का गुरु, मेष का सूर्य, लाभ में चंद्रमा, बुध, शुक्र होने से राजयोग हुआ। **चतुः सागर नामक राजयोग** के साथ, पांचों प्रकार के **पंचमहापुरुष योग, पद्मसिंहासन** योग वगैरह बने। इस कुंडली में भी ईश्वरीय अंशावतार के योग पड़े हैं। महाराजा विक्रमादित्य के चमत्कार, उनका वैभव एवं ऐश्वर्य संसार के विचित्र शक्तिशाली सम्राटों के मध्य अपनी सानी नहीं रखता। आज भी उनके नाम का शक-संवत् संसार के इतिहास में अमिट है।

4. राष्ट्रपिता महात्मा गांधी और राजयोग

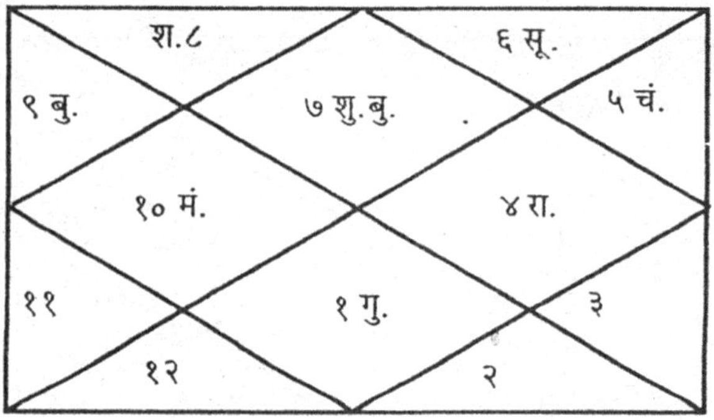

जन्म—2.10.1869; समय—7.45 (ए०एम०) ; जन्म-स्थान—पोरबंदर (कच्छ)

चारों केंद्र में शुभ या पाप ग्रह हुए तो **चतु:सागर नाम का** राजयोग होता है। भाग्येश बुध राजयोगकारक होकर लग्न में है। मंगल उच्च का, शुक्र स्वगृही लग्न में है। सूर्य तुला या बारहवें स्थान में हो तो मानसागरी के अनुसार एक हजार राजयोग नष्ट करता है। फलत: महात्मागांधी किसी ऊंचे सरकारी पद पर आरूढ़ न हो सके क्योंकि दशम भाव में राहु भी है। परंतु राष्ट्रपिता के रूप में उन्होंने मरणोपरांत जो ख्याति प्राप्त की, उस दृष्टि से इस कुंडली में उपस्थित चतु: सागर योग सार्थक होकर मुखरित हुआ।

5. प्रधानमंत्री श्री नरसिम्हाराव और राजयोग

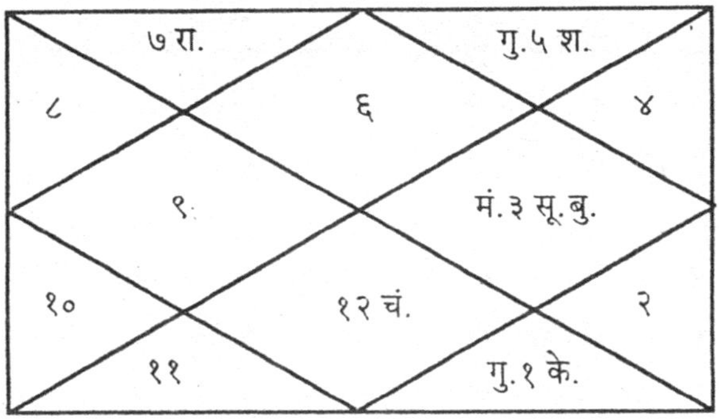

जन्म—28.6.1921; जन्म—13.00; जन्म-स्थान—करीम पट्टी (मद्रास)

प्रस्तुत कुंडली में लग्नेश बुध दशम में स्थित होने से **"पद्मसिंहासन योग"** बना। बुध स्वगृही होने के कारण **"भद्रयोग"** भी बना जो कि पंचमहापुरुष योगों में से एक है। **बुध-बुधादित्य योग** के कारण बलवान् राजयोग की सृष्टि कर रहा है। मंगल दशम भाव में दिक्बली होकर प्रबल राजयोग बना रहा है। केवल बुध और मंगल के कारण श्री नरसिम्हाराव संसद में तीन बार अविश्वास प्रस्ताव आने के बाद भी प्रधानमंत्री पद पर बराबर आरूढ़ रहे।

6. राष्ट्रपति डॉ० शंकरदयाल शर्मा और राजयोग

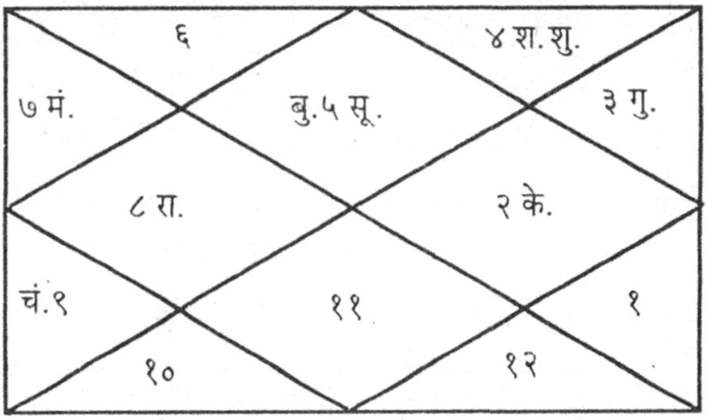

जन्म—19-8-1918; जन्म-काल—1-00 (प्रातः) ; जन्म-स्थान — भोपाल (मध्य प्रदेश)

बहुत ही लंबे अंतराल से डॉ० शंकरदयाल शर्मा साहित्यिक गतिविधियों के साथ भारतीय राजनीति से जुड़े रहे। जीवन की सुदूर लंबी यात्रा के अंतिम चरण में भारत के सर्वोच्च सर्वप्रभुत्वसंपन्न एवं महिमामंडित राष्ट्रपति के गरिमामय पद पर नवमें राष्ट्रपति के रूप में 25 जुलाई, 1992 को पदासीन हुए।

ज्योतिष की दृष्टि से लग्नेश सूर्य अपनी मूलत्रिकोण राशि में **'बुधादित्य'** योग के साथ लग्न में बैठकर प्रबल राजयोग की सृष्टि कर रहा है। गुरु चंद्र का परस्पर दृष्टि संबंध **'गजकेसरी योग'** द्वारा राजयोग की पुष्टि कर रहा है। सिंह लग्न में गुरु एवं मंगल—दो ग्रह ही राजयोग प्रदाता होते हैं। मंगल इस कुंडली में स्वगृहीभिलाषी होकर अपनी उच्चराशि को, स्वराशि मेष को, एवं राज्यभवन को पूर्ण दृष्टि से देखता हुआ उत्तम राजयोग की सृष्टि कर रहा है।

7. पं० जवाहरलाल नेहरू और राजयोग

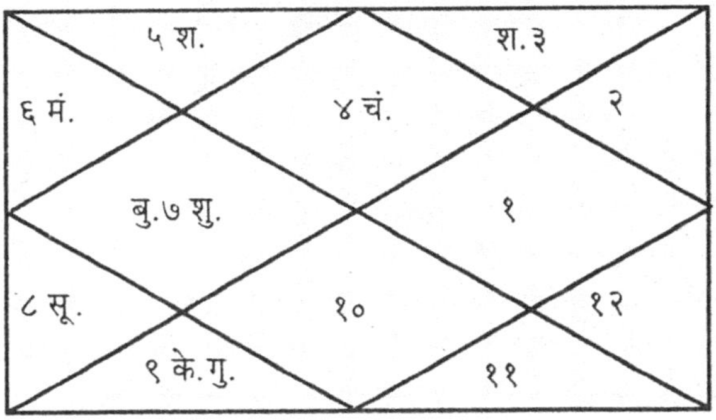

जन्म तारीख—14.11.1889; जन्म समय—20.30 पी० एम०; जन्म-स्थान—इलाहाबाद

लग्न से अथवा कोई भी स्थान से क्रम से सब ग्रह होने से **'एकावली नाम का'** श्रेष्ठ राजयोग हो गया। कर्क लग्न राजयोग प्रदाता ही कहा गया। इनके पिता स्व० श्री मोतीलाल नेहरू का भी कर्क लग्न था। इनकी पुत्री के भी कर्क लग्न था। वो भी भारत की प्रधानमंत्री बनीं। इस कुंडली में अकेला चंद्रमा पूर्ण राजयोग की सृष्टि कर रहा है। स्वगृही शुक्र भी राजयोग में वृद्धि करता है। यथा—

प्रसूतिकाले स्फुरदंशुजालः षड्वर्ण—
शुद्धोदितभे स्वभे वा।
तुंगे त्रिकोणे स नभश्चरेन्द्रो नरं,
प्रकुर्यात्खलु सार्वभौमम्॥

—बृहद् योगरत्नाकर/पृ० 71

8. स्व० इंदिरा गांधी और राजयोग

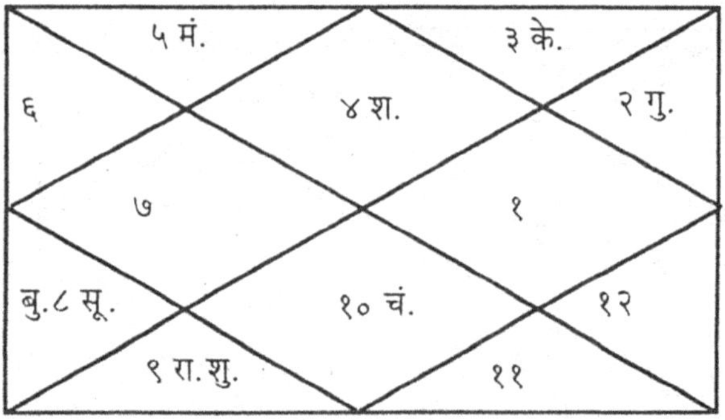

जन्म-तारीख—19.11.1917; जन्म-समय—11.14 (ए० एम०); जन्म-स्थान—इलाहाबाद (उ० प्र०)

दूसरे, बारहवें, लग्न तथा सातवें में ग्रह होवे तो '**छत्रयोग**' नामका राजयोग होता है। राजयोग के संदर्भ में भारत की प्रधानमंत्री स्व० इंदिरा गांधी सबसे विचित्र हैं क्योंकि इस कुंडली में एक भी ग्रह उच्च का, स्वगृही या नीचराशि का नहीं है। राजयोग का मुख्य कारण तीन प्रकार के परिवर्तन योग है

(1) लग्नेश चंद्रमा एवं सप्तम शनि ने परस्पर परिवर्तन किया है।

(2) द्वितीयेश सूर्य एवं पंचमेश मंगल ने परस्पर राशि परिवर्तन किया है।

(3) भाग्येश बृहस्पति ने लाभेश शुक्र के साथ स्थान परिवर्तन किया है।

भाव एवं भावेश द्वारा राजयोग से प्रधानमंत्री पद तक पहुंचने का यह अनुपम उत्कृष्ट उदाहरण है। इसके अतिरिक्त **बुधादित्य योग, उभयचारी योग,** एवं चंद्रमा से **वेसी योग** भी बने हैं।

स्व० इंदिरा गांधी की मृत्यु की अचूक भविष्यवाणी हमारे द्वारा मय तारीख के की गयी जो कि 'अज्ञातदर्शन' में छः माह पूर्व प्रकाशित हुई । देश के शीर्षस्थ राजनेता इस भविष्यवाणी से हतप्रभ हो गये थे।

9. पूर्व प्रधानमंत्री स्व० राजीव गांधी एवं राजयोग

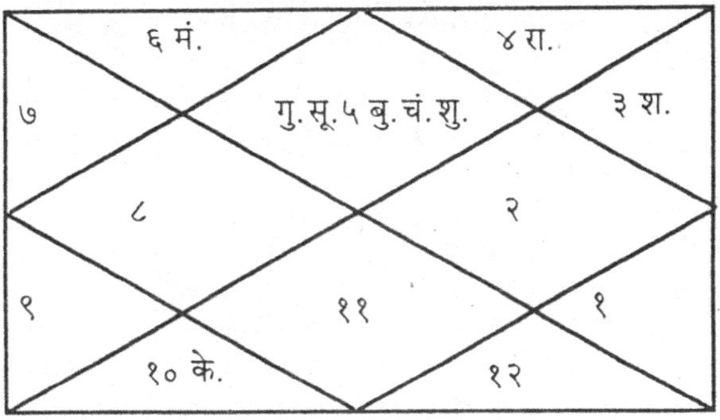

जन्म-तारीख—20-8-1944; जन्म-समय—7.30 ए० एम०; जन्म-स्थान—बंबई (महाराष्ट्र)

प्रस्तुत कुंडली में लग्नस्थ पंचग्रह युति के कारण ही प्रबल राजयोग बना। केंद्र-त्रिकोण ग्रहों का परस्पर संबंध बना तथा '**विष्णुलक्ष्मीयोग**' की सृष्टि हुई। **भास्कर योग, बुधादित्य योग, यामिनी नाथयोग, गजकेसरी योग, उभयचारी योग, दुर्धरायोग** के साथ भाव-भावेश संबंध ने इन्हें प्रधानमंत्री जैसे उच्च पद पर सहज में ही पहुंचा दिया। परंतु परस्पर शत्रुग्रहों की युति के कारण '**शस्त्रहंतायोग**' की भी सृष्टि हुई। श्री राजीव गांधी पर प्राणघातक हमला होगा, जिसमें वे मारे जाएंगे । यह अचूक भविष्यवाणी हत्या के एक वर्ष पूर्व हमारे द्वारा 'गल्फन्यूज', 'खलीज टाइम्स' जलते दीप वगैरह में कर दी गई थी जो अक्षरथः सत्य हुई।

10. पूर्व प्रधानमंत्री वी० पी० सिंह और राजयोग

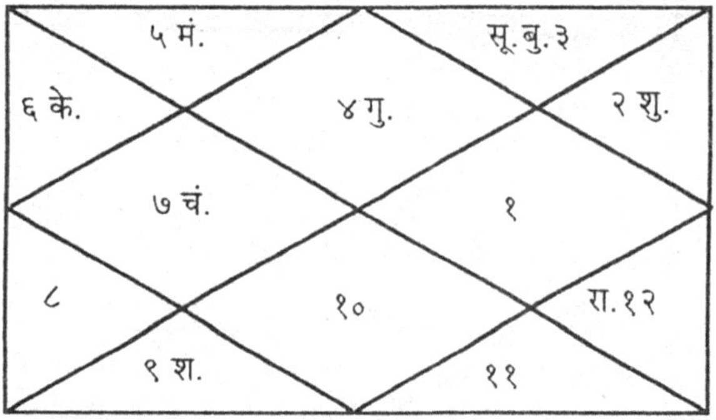

जन्म-तारीख—25-6-1931; जन्म-समय—7.30 ए० एम०; जन्म-स्थान—इलाहबाद (उ० प्र०)

भारत के पूर्व प्रधानमंत्री श्री विश्वनाथ प्रताप सिंह की कुंडली में गुरु एवं चंद्रमा की स्थिति के कारण राजयोग बना । चंद्र + गुरु परस्पर केंद्रवर्ती होने के कारण **'गजकेसरी'** की सृष्टि हुई । भाग्येश गुरु उच्च का, पराक्रमेश बुध स्वगृही बुधादित्य योग के साथ, चतुर्थेश व लाभेश शुक्र स्वगृही है । एक ग्रह उच्च का, दो स्वगृही, शनि स्वगृहाभिलाषी है । इन चारों ग्रहों के कारण वे भारत के प्रधानमंत्री जैसे उच्च पद पर पहुंच पाए ।

श्री वी०पी० सिंह प्रधानमंत्री बनेंगे तथा अमुक तारीख को वापिस पद से उतर जाएंगे । इसकी स्पष्ट भविष्यवाणी दैनिक जलतेदीप, अज्ञातदर्शन में चुनाव के पूर्व की थी जो भारत के अनेक शीर्षस्थ समाचार-पत्रों में पुन: प्रकाशित भी हुई ।

11. पूर्व प्रधानमंत्री चंद्रशेखर और राजयोग

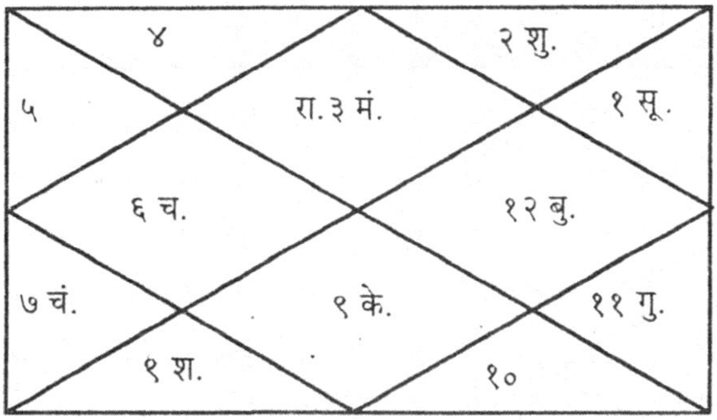

जन्म-तारीख—17-4-1927; जन्म-समय—11.00; जन्म-स्थान—बलिया (उत्तर प्रदेश) इब्राहीम पट्टी

लग्नेश बुध केंद्र में, गुरु त्रिकोण में स्वगृहाभिलाषी है। पंचम स्थान में चंद्रमा, शुक्र स्वगृही तथा लग्नस्थ स्वगृही राहु ने उत्तरोत्तर उत्तम राजयोग की सृष्टि की है। देवगुरु बृहस्पति की पूर्ण दृष्टि लग्न पर है जो स्वगृहाभिलाषी है जिसमें **"पद्मसिंहासन योग"** की सृष्टि हुई। इसी प्रकार पराक्रमेश सूर्य उच्च का लाभस्थान में उभयचारी योग के साथ है जिन्होंने इन्हें प्रधानमंत्री पद पर पहुंचाया। **'यह कुंडली भारत के भावी अल्पकालिक प्रधानमंत्री की है।'** ऐसी अचूक भविष्यवाणी इनके प्रधानमंत्री बनने के एक वर्ष पूर्व हमारे कार्यालय द्वारा की जा चुकी थी।

12. बादशाह अकबर और राजयोग

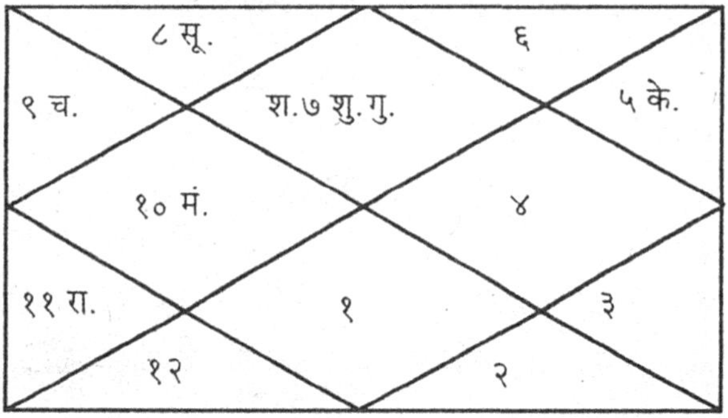

जन्म-तारीख—23-11-1542; जन्म-समय—04.30 सायं; जन्म-स्थान— अमरकोट (पाकिस्तान)

केंद्र या त्रिकोण में बुध, बृहस्पति, शुक्र इनमें से कोई भी ग्रह हो तो धर्म, धन, विद्या, यश, कीर्ति, लाभ देने वाला राजयोग होता है ।

केन्द्रत्रिकोणे बुधजीवशुक्राः स्थितान्तराणां यदि जन्मकाले ।
धर्मार्थ-विद्या-यश-कीर्ति-लाभः शांतः सुशीलः स नराधिपः स्यात् ॥

—मानसागरी श्लोक 2/पृ० 223

जन्म-समय बुध, बृहस्पति और शुक्र केंद्र या त्रिकोण में हों तो धर्म, अर्थ, विद्या, यश, कीर्ति, लाभ शांत स्वभाव और सुंदर शील इनसे युक्त राजयोग होता है । लग्न में शनि उच्च का, गुरु, एवं शुक्र स्वगृही तथा चतुर्थ में उच्च का मंगल ने इन्हें बादशाह पद पर पहुंचाया एवं कीर्ति प्रदान की । पंचम भाव में राहु के कारण कुपुत्र से ये जीवन भर दुःखी रहे । इस कुंडली में एकादश स्थान से लेकर **'विषधर नामक पूर्ण कालसर्पयोग'** है । जिसका प्रत्यक्ष प्रभाव इनके संपूर्ण जीवन पर पड़ा ।

13. छत्रपति शिवाजी और राजयोग

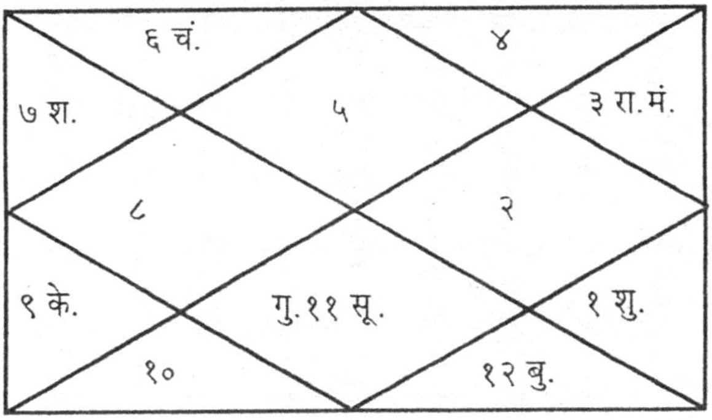

जन्म-तारीख—19-2-1630; जन्म-समय—18.26
जन्म-स्थान—बीजापुर (महाराष्ट्र)
शासनकाल 1627-1680

तीसरे घर का स्वामी त्रिकोण में हो तो 'कुलदीपक नाम' का राजयोग होता है।

कुलदीपकयोगः स्याद्भ्रातृपो यदि कोणगः।
परोपकारयुक्तः स्याद्योगे स्मिन् मनुजस्तदा॥

—योगचिंतामणि श्लोक 8/ पृ० 4

तीसरे घर का स्वामी नवम या पांचवें स्थान में हो तो कुलदीपक नाम का राजयोग होता है। शनि उच्च का, गुरु, सूर्य केंद्र में तथा भाग्य में शुक्र होने के कारण ये परम साहसी, उत्कृष्ट योद्धा, सफल राजनीतिज्ञ एवं प्रबल पराक्रमी छत्रधारी राजा हुए।

छठे घर का स्वामी शनि पराक्रम स्थान में उच्च का होने से ये समूल नाश करने में पूर्णतः सक्षम व समर्थ थे।

14. रानी लक्ष्मीबाई और राजयोग

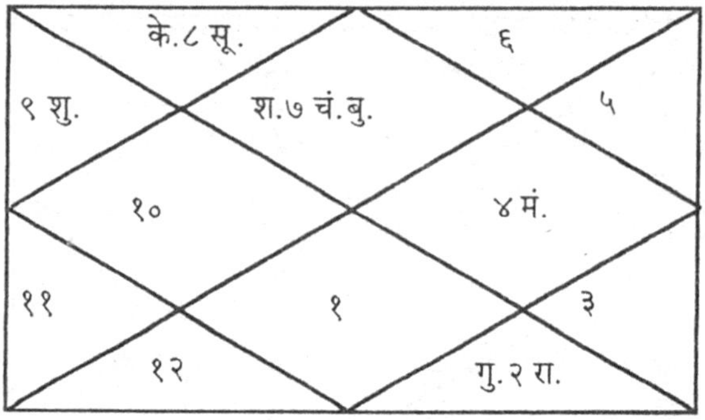

जन्म-तारीख—28-11-1834; जन्म-समय—04.00 प्रातः; जन्म-स्थान—झांसी (मध्य प्रदेश)

शुक्र, बुध, बृहस्पति—इनमें से कोई भी ग्रह केंद्र में हो और दशम मंगल में हो तो '**कुलदीपक नाम का**' राजयोग होता है। ऐसा मानसागरीकार कहते हैं। परंतु यहां मंगल दिक्‌बली होकर दशम भाव में बैठा अपनी उच्च राशि को देख रहा है। फलतः झांसी की महारानी लक्ष्मीबाई के आत्मबल का कोई मुकाबला नहीं था, उन्होंने स्वतंत्रता संग्राम में वो टक्कर ली कि अंग्रेजों के दांत खट्टे हो गए।

उच्च का शनि लग्न में चंद्रमा के साथ होने पर उच्च श्रेणी का '**शश नामक**' राजयोग बनाया। पर शनि + चंद्र के कारण ग्रहणयोग बना, लग्न में बुध + चंद्र— दो परस्पर शत्रुग्रहों की युति से '**शस्त्रहंतायोग**' बना। गुरु के साथ राहु होने के कारण चांडालयोग की सृष्टि हुई, अपनों ने ही धोखा दिया और महारानी अंतिम समय तक बड़ी बहादुरी से लड़ती हुई वीरगति को प्राप्त हुईं। विश्व के इतिहास में महारानी लक्ष्मीबाई जैसा व्यक्तित्व आज दिन तक नहीं हुआ। इस कुंडली में अष्टम भाव से द्वितीय तक की ग्रह स्थिति के कारण 'आंशिक कालसर्पयोग' की सृष्टि हुई जिसका प्रभाव इनके जीवन पर अमिट छाप छोड़ गया।

15. चक्रवर्ती राजगोपालाचार्य और राजयोग

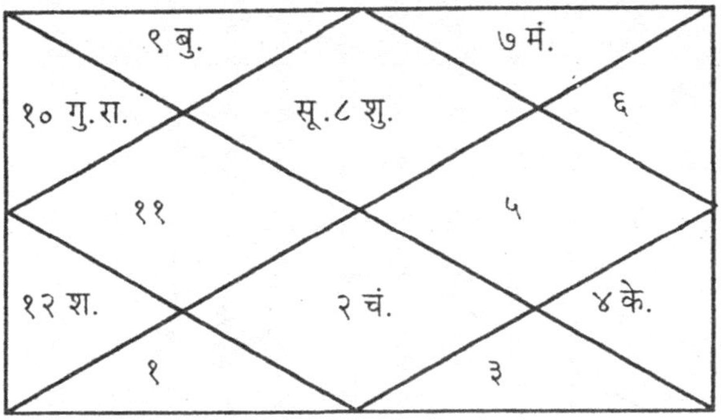

जन्म-तारीख— 19-11-1978; जन्म-समय—7.00 प्रातः; जन्म-स्थान—कलकत्ता

एक ही ग्रह बलवान् होकर केंद्र या त्रिकोण में हो तो श्रेष्ठ राजयोग होता है।

एकोपिकेंद्रभवने नवपंचमे वा।
भास्वन्मयूख-विमली कृत-दिग्विभाग।
निःशेषदोषमहत्य शुभप्रसूतं।
दीर्घायुषं विगतरोगभयं करोति॥

—मानसागरी श्लोक 3/पृ० 223

जन्म समय में कोई एक भी ग्रह केंद्र या त्रिकोण स्थान में स्थित हो तो वह सूर्य की किरणों के समान प्रकाशमान् बड़ी उमरवाला, रोगरहित मनुष्यों का राजयोग करता है। यह भारत के सर्वप्रथम जनरल की जन्म कुंडली है अत: बडी महत्त्व की कुंडली है। राजयोगकारक उच्च का चंद्रमा लग्न को देखकर, **'लग्नाधिपति योग'** की सृष्टि कर रहा है। दशमेश सूर्य लग्न में शुभग्रह के साथ है। शनि एवं गुरु से उत्तम श्रेणी एवं पंचमेश ने परस्पर **'परिवर्तनयोग'** बनाया जोकि हर प्रकार से उत्तम श्रेणी का राजयोग कहा गया है। चंद्रमा ने **'यामिनीनाथयोग'** तथा सूर्य ने **'पद्मसिंहासन योग'** बनाया है।

16. सुभाषचंद्र बोस और राजयोग

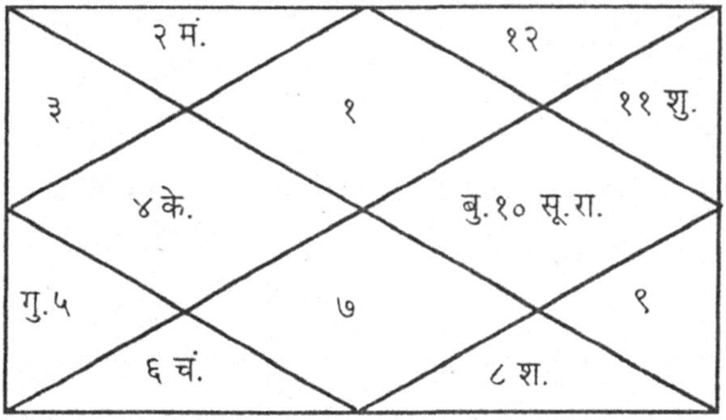

जन्म-तारीख—23-1-1897; जन्म-समय—12.00 दोपहर; जन्म-स्थान—कलकत्ता (बंगाल)

बृहस्पति—सिंह या तुला, कर्क, धधु, मकर—इन राशियों में हो और ग्रह अन्य स्थान में हो तो राजयोग होता है ।

सिंहे जीवस्तुलाकीटश्चापेषु मकरेपि च ।
ग्रहा यदा तदा जातो देशभोगी भवेन्नरः ॥

—मानसागरी श्लोक 42/पृ० 226

जिस के सिंह राशि में अथवा तुला, कर्क, धनु, मकर इन राशियों में बृहस्पति हो और शुभ ग्रह शुभ स्थान में स्थित होवे तो राजयोग होता है । दशम भाव में सूर्य दिग्बली राहु के साथ सेनापति योग बनाता है । छठे चंद्रमा शत्रुक्षेत्री एवं आठवें शनि अकाल मृत्यु व धोखे की मौत को बतलाता है । मेष लग्न वाले जातक वैसे ही बड़े बहादुर व शेरदिल होते हैं । राजयोग इस कुंडली में ज्यादा शक्तिशाली नहीं बन पाया अत: सब कुछ त्याग करते हुए, देश के लिए प्राणोत्सर्ग करने वाले इस महान् स्वतंत्रता के आदि सेनानी को कोई पद नहीं मिल पाया और मत्यु रहस्यमय बनी रही ।

17. (सरदार) वल्लभाई पटेल और राजयोग

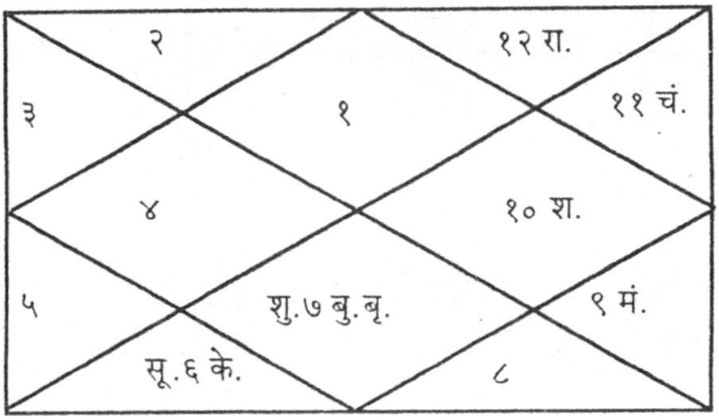

जन्म-तारीख—11-10-1875; जन्म-समय—18.45; जन्म-स्थान—नडियाद (गुजरात)

लाभ स्थान या त्रिकोण में बलवान् चंद्रमा हो तो राजयोग करता है ।

लाभे त्रिकोणे यदि शीत-रश्मिः करोत्यवश्यं क्षितिपालतुल्यं ।
कुलद्वयानंदकरं नरेंद्र। ज्योत्सनाहि दीपस्तमनाशकारी ॥

—मानसागरी श्लोक 23/ पृ० 224

जन्म समय में चंद्रमा ग्यारहवें अथवा नवपंचम स्थान में स्थित हो तो अवश्य राजा के तुल्य दोनों कुलों को आनंद देने वाला प्रकाशमान् राजयोग करता है । दशम भाव में स्वगृही शनि **'पद्मसिंहासन योग'** के साथ बलवान् राजयोग की सृष्टि कर रहा है । लग्नेश मंगल उच्चाभिलाषी होकर भाग्यभवन में बैठा है । बृहस्पति के साथ तीन-तीन ग्रह लग्न को देख रहे हैं । इसी कारण जातक लौहपुरुष के नाम से विख्यात् हुआ एवं स्वतंत्र भारत का प्रथम गृहमंत्री बना परंतु छठे स्थान में द्वादश तक की ग्रह स्थिति के कारण पूर्ण 'कालसर्पयोग' बना जिसके कारण ये सदैव मानसिक तनाव एवं मुसीबतों से घिरे रहे ।

18. श्री मोरारजी देसाई और राजयोग

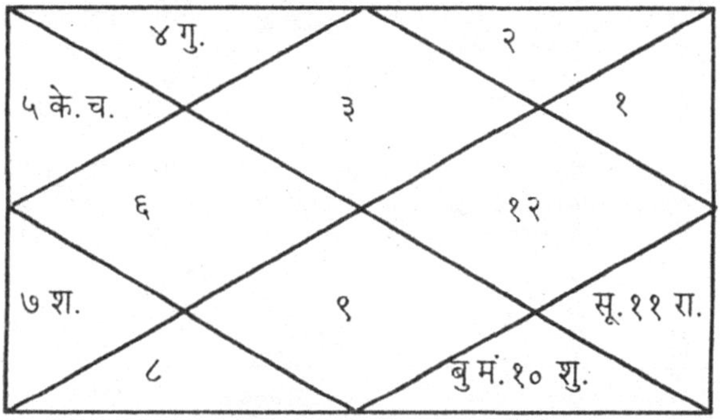

जन्म-तारीख—29-2-1896; जन्म-समय—13.20; जन्म-स्थान—बलसाड (गुजरात)

दूसरे, छठे, आठवें, बारहवें स्थान में ग्रह होवे तो **'सिंहासन'** नाम का राजयोग होता है। यह कुंडली बडी विचित्र है, जिसमें चारों केंद्र खाली हैं। गुरु उच्च का, शनि उच्च का, मंगल उच्च का, इन तीन उच्च के ग्रहों ने इन्हें उपप्रधानमंत्री एवं भारत के प्रधानमंत्री तक के पद तक पहुंचा दिया। अष्टम स्थान में मंगल ने इन्हें शांतजीवी बना दिया। अष्टमेश शनि और पंचमेश शुक्र ने परस्पर स्थान परिवर्तन किया जिससे आयु सौ वर्ष से ऊपर की चली गई। चिरंजीवी आयु की दृष्टि से प्रस्तुत कुंडली ज्योतिष प्रेमियों के लिए संग्रहणीय है तथा 'दीर्घायु' का अनुपम उदाहरण है।

19. तानाशाह हिटलर और राजयोग

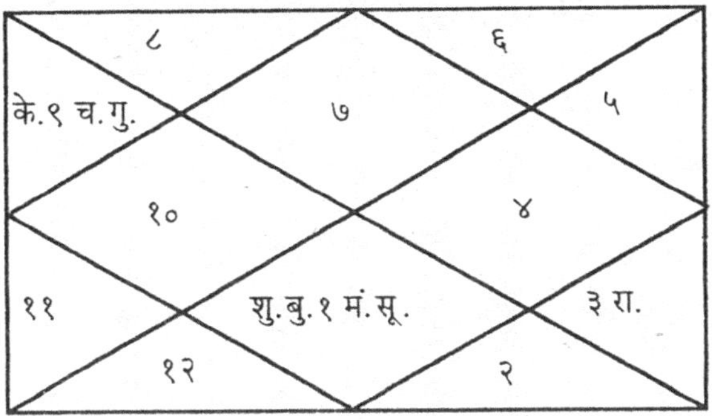

जन्म-तारीख—20-4-1889; जन्म-समय—19.30 (रात्रि);जन्म-स्थान—जर्मनी

एकाधिक ग्रह जन्म लग्न को देखने से राजयोग हुआ ।

सर्वैर्गगन-भ्रमणैर्दृष्टे लग्ने भवेन्महीपालः ।
बलिभिः सौख्यार्थ-युतो विगतभयो दीर्घजीवी च ॥

—मानसागरी, श्लोक 88/ पृ० 233

जन्म लग्न को संपूर्ण ग्रह देखते हों तो बलवान सौख्य व अर्थ से युक्त भयरहित राजयोग होता है । लग्नेश लग्न को देखने से **'लग्नाधिपतियोग'** बना । उच्च का सूर्य, स्वगृही मंगल ने सप्तम में बैठकर जबरदस्त राजयोग की सृष्टि की है । उच्च का सूर्य एवं स्वगृही मंगल वाला व्यक्ति जीवन में किसी से भी दबता नहीं । कठोर अनुशासन एवं हुक्म चलाना इनकी जन्मजात प्रवृत्ति होती है । तानाशाह हिटलर की यही सबसे बड़ी विशेषता थी ।

हिटलर की कुंडली में तृतीय भाव से नवम भाव वाला **'वासुकी नामक कालसर्पयोग'** बना जिसके कारण अकाल मृत्यु को प्राप्त हुए ।

20. संत ज्ञानेश्वर और राजयोग

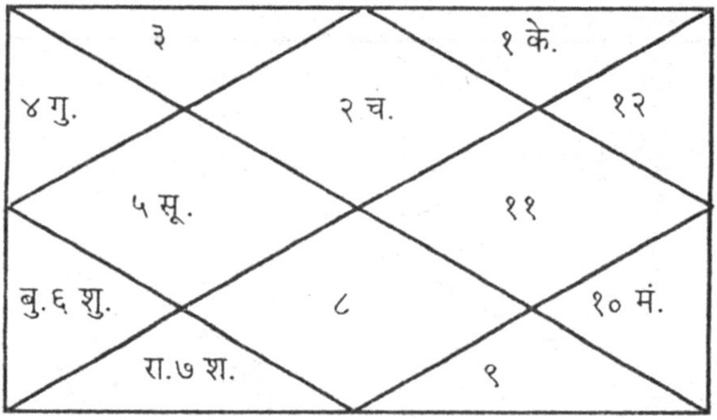

जन्म-संवत—1332 माह-श्रावण कृष्ण अष्टमी, रोहिणी नक्षत्र; जन्म-समय—रात्रि 12 बजे

चंद्रमा, मंगल, बुध और बृहस्पति, उच्च होने से राजयोग हुआ । उच्च का गुरु, उच्च का बुध, उच्च का मंगल—तीन ग्रह उच्च के, सूर्य स्वगृही—इन चार ग्रहों के प्रभाव से यह कुंडली **'अंशावतार योग'** की कुंडली बनती है । यह कुंडली भगवान् श्रीकृष्ण की कुंडली से काफी अंशों में समानता लिए हुए है । क्योंकि संत ज्ञानेश्वर को श्री कृष्ण भगवान् का ही अवतार या स्वरूप माना गया है ।

21. श्री गुरुनानक और राजयोग

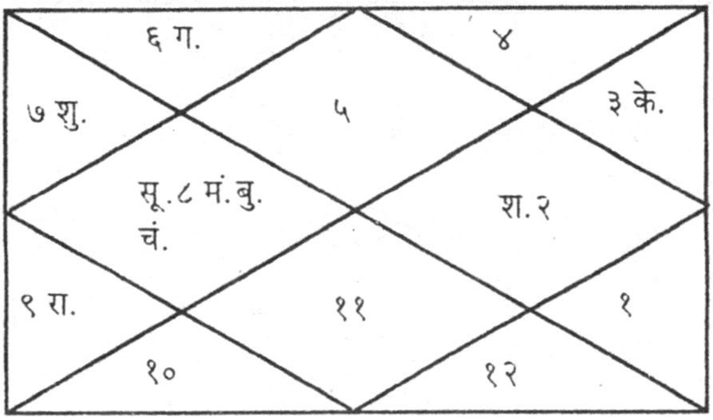

जन्म-तारीख—8-11-1470; जन्म-समय—01-00 रात्रि
जन्म-स्थान—राईभोईका ग्राम-तलबंडी जिला-लाहौर (पाकिस्तान)
पिता—कालूचंद, माता—तृप्ता; स्वर्गवास—अक्टोबर 1538 (आसोज सुद 10)

चंद्रः पश्येद्यदादित्यं बुधः पश्येन्निशापतिम् ।
अस्मिन्योगे तु यो जातः स भवेद्वसुधाधिपः ॥

—मानसागरी श्लोक 5/ पृ० 221

जिसके जन्म-काल में चंद्रमा सूर्य को देखता हो और बुध चंद्रमा को देखता हो तो श्रेष्ठ राजयोग होता है । ईश्वरीय अवतार श्री गुरु नानक देव की कुंडली में लग्नेश सूर्य चतुष्ग्रह युति के साथ बलवान् स्थिति में है । राजयोग कारक एवं भाग्येश मंगल स्वगृही है तथा **'नीचभंगराजयोग'** बनाकर बैठा है । इस मंगल के कारण चंद्र + मंगल लक्ष्मीयोग बना साथ **"रूचकयोग"** की सृष्टि हुई जो कि पंचमहापुरुष योगों में से शक्तिशाली योग है । दशमेश व पराक्रमेश शुक्र स्वगृही होकर भाग्य-स्थान को देख रहा है फलतः **'अनंत कीर्तिदायक योग'** की सृष्टि कर रहा है ।

22. पं० कुंजीलाल दुबे (विधानसभाध्यक्ष) और राजयोग

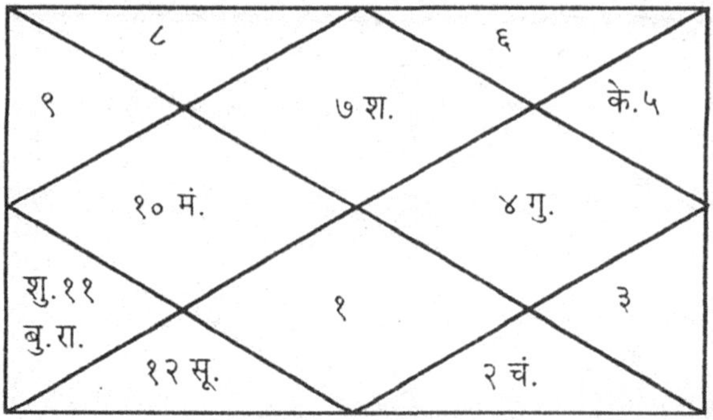

जन्म-तारीख—9-3-1896; जन्म-समय—21.30 (रात्रि); जन्म-स्थान—मध्य प्रदेश

प्रस्तुत कुंडली मध्य प्रदेश के विधानसभाध्यक्ष पं० कुंजीलाल दुबे की है। शास्त्रकार कहते हैं—

जनयति नृपमेकोऽयुच्चगो मित्रदृष्टः।
प्रचुरधनसमेतं मित्रयोगाच्च सिद्धम्॥

—सर्वार्थ चिंतामणि, श्लोक 5/पृ० 165

एक भी ग्रह उच्चगत मित्र ग्रह से दृष्ट हो तो बहुत धनसहित मित्र मंडली से संपन्न ऐसा राजयोग होता है। परन्तु यहां तो शनि, मंगल, चंद्र और गुरु चार ग्रह उच्च के हैं। शनि इस कुंडली का राजयोगकारक ग्रह है। पंचम भाव में लग्नेश शुक्र भी उच्चाभिलाषी है। अतः यह बहुत ही यशस्वी एवं प्रतिष्ठावर्द्धक राजयोग की दृष्टांत कुंडली है।

23. मुख्यमंत्री रविशंकर शुक्ला और राजयोग

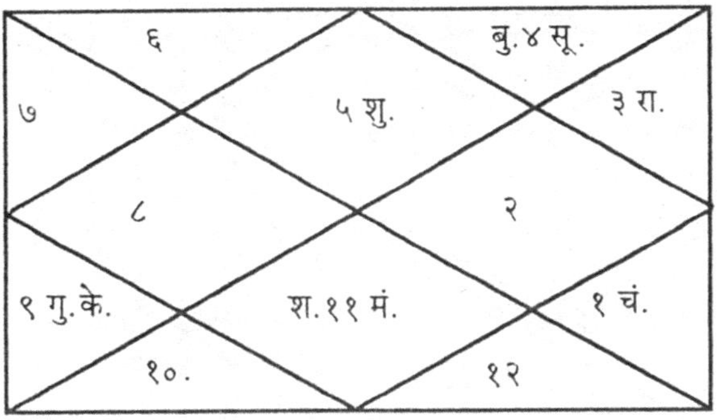

जन्म-तारीख — 31-7-1877; जन्म-समय — 9-00 (प्रात:); जन्म-स्थान — मध्यप्रदेश

प्रस्तुत कुंडली मध्य प्रदेश के पूर्व मुख्यमंत्री पं० रविशंकर शुक्ला की है।

त्रिकोणे सप्तमे लग्ने भवंति च यदा ग्रहा।
हंसयोगं विजानीयात्स्ववंशस्यात्र पालकः ॥

— लग्न चंद्रिका, श्लाक 70/ पृ० 14

त्रिकोण में, सातवें, लग्न में ग्रह होवे तो यह सबको पालन करने वाला हंस नाम का श्रेष्ठ राजयोग होता है। इस कुंडली में शनि अपनी मूल त्रकोण राशि में बैठकर लग्न को देख रहा है। लग्न शुभ ग्रह के प्रभाव में है। स्वगृही बृहस्पति पंचमस्थ होकर पूर्ण ताकत से लग्न को देख रहा है। दशमेश शुक्र लग्न में जाने से **"पद्मसिंहासन योग"** बना। भाग्यस्थान में चंद्रमा उच्चाभिलाषी है। सूर्य+बुध की युति **"बुधादित्य योग"** बना रही है फलतः जातक मुख्यमंत्री के पद तक पहुंचा।

24. गवर्नर राघवेंद्रराव और राजयोग

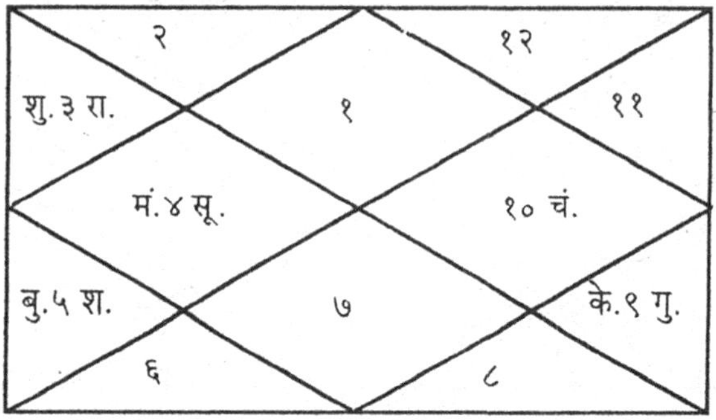

जन्म-तारीख—10-8-1889; जन्म-समय—11.00 (रात्रि); जन्म-स्थान—सी० पी० बेरार।

प्रस्तुत कुंडली बेरार के राज्यपाल डॉ० ई० राघवेंद्रराव की है। ज्योतिष शास्त्र के अनुसार—

उपचयगृहसंस्थो जन्मदो यस्य चंद्रः ।
स्वगृहमथ नवांशे केंद्रजाताश्च सौम्याः ॥
सकलबलवियुक्तश्चैव पापाभिधानः ॥
स भवति नरनाथः शुक्रतुल्यो बलेन ॥

—जातक संग्रह श्लोक 16/पृ० 128

जिसके जन्म समय चंद्रमा उपचय (3/6/10/11) स्थान में स्थित हो और शुभग्रह अपने घर में अथवा अपने नवांश में उपचय स्थान में या केंद्र में होवे और पापग्रह बलहीन होवे तो श्रेष्ठ राजयोग होता है। प्रस्तुत कुंडली में स्वगृही गुरु पूर्ण ताकत से लग्न को देख रहा है। चंद्र + मंगल का परस्पर उच्च दृष्टि संबंध राजयोग की सृष्टि कर रहा है। मंगल लग्नेश है एवं चंद्रमा सुखेश, इस एक योग ने इन्हें महिमामंडित गवर्नर के उच्च पद तक पहुंचा दिया।

25. महारानी विक्टोरिया और राजयोग

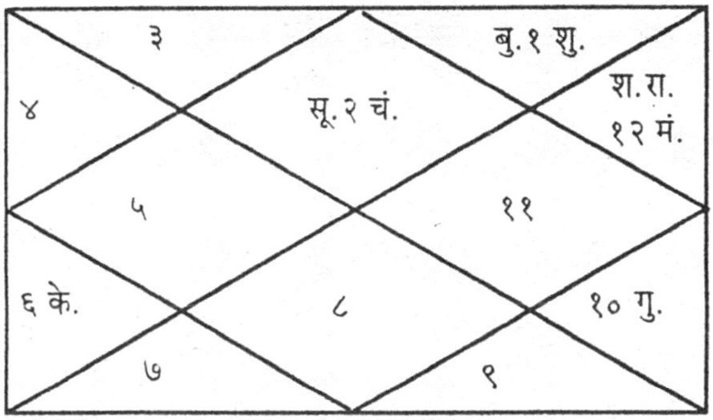

जन्म-तारीख—24-5-1819; जन्म-समय—04.04 सोमवार; जन्म-स्थान—लंदन (ग्रेट ब्रिटेन)

जातकतत्त्व श्लोक 118, पृ० 307 के अनुसार किसी कुंडली में सुखेश यदि सप्तम स्थान को छोड़कर अन्य केंद्र-त्रिकोण स्थान में गया तो **'बलवान् राजयोग'** होता है। इस कुंडली में सुखेश सूर्य लग्न में उच्च के चंद्रमा के साथ बैठा है। गुरु भाग्यभवन में बैठकर पूरी ताकत से लग्न को देख रहा है। लग्नेश शुक्र स्वगृहाभिलाषी है। लाभस्थान में मंगल स्वगृहाभिलाषी है। वही भाग्येश एवं दशमेश, शनि, गुरु के घर में गुरु-शनि ने घर में जाकर परस्पर स्थान परिवर्तन कर उत्तम राजयोग की सृष्टि की है। क्वीन विक्टोरिया का सिक्का ब्रिटिश राज्य में अमिट छाप छोड़ गया परंतु पंचम भाव पापपीड़ित, पंचमेश द्वादश में होने से उनकी संन्तानें, उनकी गरिमा को कायम न रख सकीं।

26. राजबहादुर फत्तेसिंहराव भोसले और राजयोग

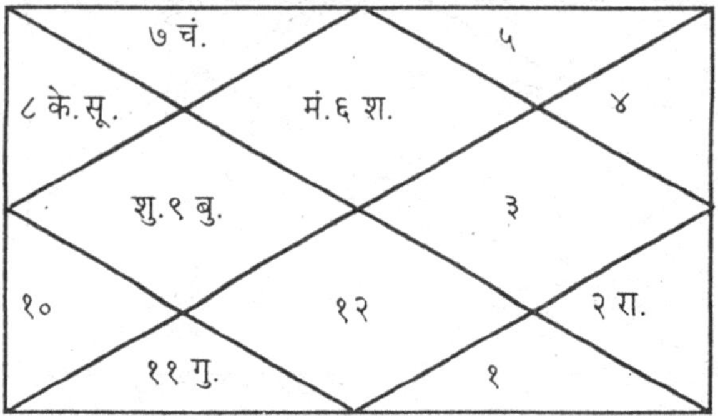

जन्म-तारीख—27-11-1891; जन्म-समय—02.00 (रात्रि); जन्म-स्थान—नागपुर (महाराष्ट्र)

प्रस्तुत कुंडली नागपुर के प्रसिद्ध महाराजा राजबहादुर फत्तेसिंह राव भोसले की है। लग्नेश बुध केंद्र में है। शास्त्र कहता है—

लग्नाधिपतिः केंद्रे बलपरिपूर्णः करोति नृपतुल्यम्।
गोपालकुलेऽपि जातं किं पुनरिह नृपतिसंभूतम्॥

—मानसागरी श्लोक 79/पृ० 230

बलवान् होकर लग्न का स्वामी केंद्र में स्थित हो तो राजयोग होता है। चाहे भले ही जातक का जन्म ग्वालिए के घर में ही हुआ हो। यहां लग्नेश बुध राजयोगकारक व भाग्येश शुक्र के साथ केंद्रस्थ है तथा **'पद्मसिंहासन योग'** की सृष्टि कर रहा है। शनि राजयोगकारक योग लग्न में बैठा है तथा उच्चाभिलाषी है। उच्चाभिलाषी गृह उच्च से भी बलवान् होते हैं। इस बात की साक्षी यह कुंडली प्रत्यक्ष रूप से दे रही है।

27. सयाजी गायकवाड़ और राजयोग

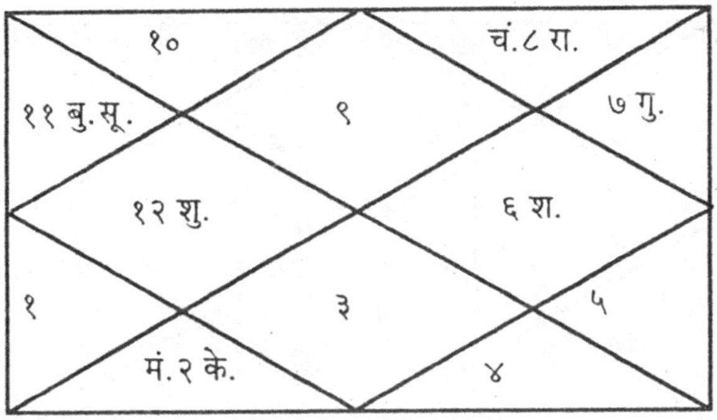

जन्म-तारीख—10-3-1863; जन्म-समय—02.20 (रात्रि); जन्म-स्थान—बड़ौदा (गुजरात)

प्रस्तुत जन्म-कुंडली हिंदुस्तान के प्रसिद्ध महाराजा,बड़ौदा नरेश स्व० श्री सयाजी राव गायकवाड़ की है। शुक्र उच्च का शुभ ग्रह केंद्र में हो तो नीच कुल में पैदा हुए बालक का राजयोग होता है। मानसागरीकार कहते हैं—

उच्चस्थानगताः सौम्याः केंद्रस्थाने भवंति चेत्।
ध्रुवं राज्यं भवेत्तस्य यदि नीचसुतो भवेत्॥

—मानसागरी श्लोक 38/पृ० 226

जिसके उच्च स्थान में प्राप्त शुभग्रह केंद्र स्थान में स्थित हो निम्न कुल, में पैदा हो तो भी राजयोग होता है। राजयोग के लिए व्यक्ति के जन्म-कुल-परिवार एवं परंपरा का विशेष ध्यान देना पड़ता है। ऊंचे कुल में जन्म लेना भी अपने आप में एक राजयोग है। सयाजी गायकवाड़ का जन्म बड़ौदा राजघराने के अति धनाढ्य व उच्च कुल में हुआ। कन्या का शनि केंद्र में उच्चाभिलाषी है। लाभस्थान में अधिष्ठित बृहस्पति शुक्र राशि में, लाभेश शुक्र-गुरु की राशि में जाने से लग्नेश लाभेश का **'परिवर्तन'** उत्तम राजयोग की सृष्टि करने वाला कहा गया है।

28. गवर्नर तांबे और राजयोग

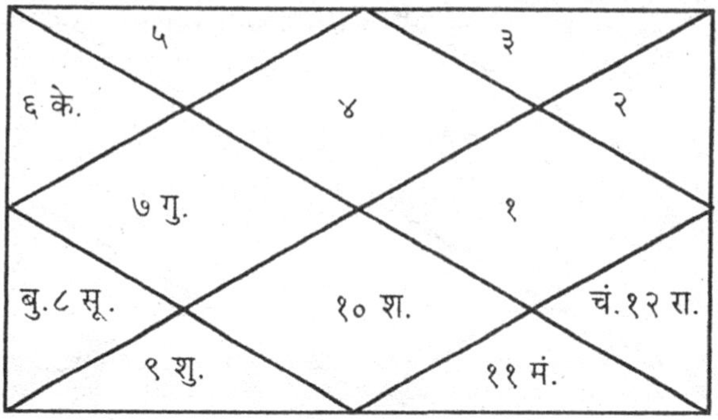

जन्म-तारीख — 8-12-1875; जन्म-समय — 21-00 (रात्रि); जन्म-स्थान — नागपुर (महाराष्ट्र)

प्रस्तुत कुंडली महाराष्ट्र के राज्यपाल सर्वश्री एस०वी० तांबे की है। ज्योतिष शास्त्रानुसार लग्न या अन्य किसी भी स्थान से क्रम से ग्रह होवे तो **'एकावली'** नाम का राजयोग होता है। यथा—

लग्नतश्चान्यतो वापि किरमेण पतिता ग्रहाः ।
एकावली समाख्याता महाराजो भवेन्नरः ॥

—बृहद् योगरत्नाकर/पृ० 155

यहां बृहस्पति भाग्येश होकर केंद्रस्थ है। गुरु, शुक्र ने अर्थात् लाभेश भाग्येश ने परस्पर स्थान परिवर्तन किया है। लग्नेश चंद्रमा भाग्यस्थान में, स्वगृही शनि लग्न को देख रहा है जिससे इस कुंडली का स्वामी महाराष्ट्र राज्य के राज्यपाल के महिमामंडित पद पर पहुंच गया।

29. रामकृष्ण डालमिया और राजयोग

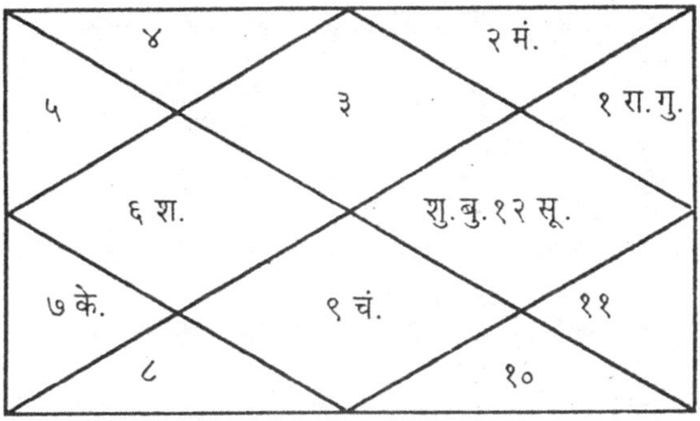

जन्म-तारीख — 7-4-1893; जन्म-समय — 10-50 प्रात:; जन्म-स्थान — दिल्ली (भारत)

यह कुंडली भारत के प्रसिद्ध पूंजीपति सेठ श्री रामकृष्ण डालमिया की है ।

नीच स्थितो जन्मनि यो ग्रहः स्यात्तद्राशिनाथोऽथ तदुच्चनाथः ।
भवेत् त्रिकोणे यदि केंद्रवर्ती राजा भवेद्धार्मिकचक्रवर्ती ॥

— *लग्नचंद्रिका श्लोक ८६/ पृ० 17*

जो ग्रह नीच राशि का हो उस ग्रह के राशि का स्वामी तथा उस राशि का उच्च नाथ केंद्र या त्रिकोण में हो तो श्रेष्ठ राजयोग होता है । यहां बुध नीच का गुरु की राशि में है, गुरु कर्क में उच्च का है । यहां उच्चनाथ चंद्रमा केंद्र में बैठकर लग्न को देख रहा है तथा लग्नेश बुध **"नीचभंग राजयोग"** बनाकर उच्च के शुक्र के साथ केंद्र में है । पराक्रमेश सूर्य दिक्‌बली होकर उच्चाभिलाषी है । उच्चाभिलाषी शनि भी केंद्रस्थ होकर उत्तरोत्तर श्रेष्ठ राजयोग की सृष्टि कर रहा है ।

30. राष्ट्रपति अय्यूबखान और राजयोग

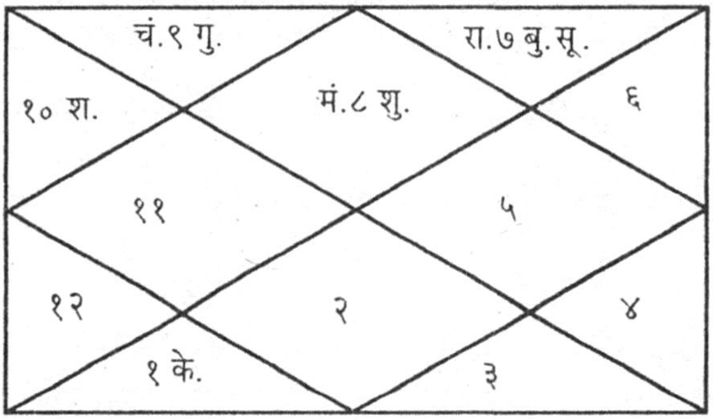

जन्म-तारीख—18-10-1901; जन्म-समय—10-00 प्रातः; जन्म-स्थान—रावलपिंडी (पाकिस्तान)

यह कुंडली पाकिस्तान के क्रूर राष्ट्रपति अय्यूब खान की है। ज्योतिषशास्त्र के अनुसार यदि 2/6/8/12 स्थानों में ग्रह होवे तो **'सिंहासन नामक'** श्रेष्ठ राजयोग होता है। यही योग भारत के पूर्व प्रधानमंत्री श्री मोरार जी देसाई की कुंडली में पड़ा है। यहां मंगल लग्न में स्वगृही, राजयोगकारक बृहस्पति स्वगृही होकर चंद्रमा के साथ **'गजकेसरी योग'** बना रहा है। पराक्रमेश शनि स्वगृही होकर भाग्यस्थान एवं अपनी उच्चराशि को देख रहा है।

31. गृहमंत्री चव्हाण और राजयोग

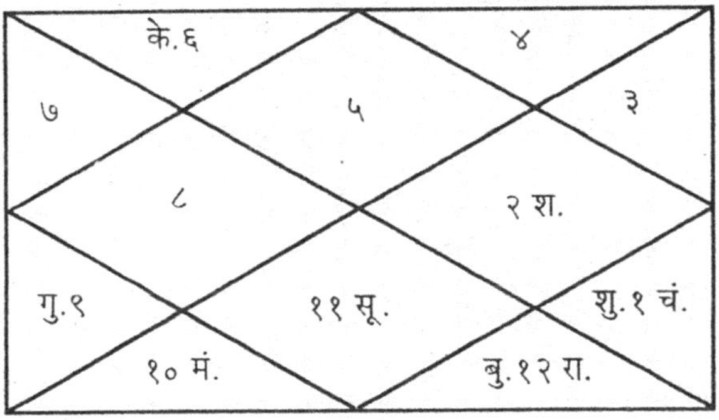

जन्म-तारीख — 12-3-1913; जन्म-समय — 17-00 (सायं); जन्म-स्थान — बंबई (महाराष्ट्र)

प्रस्तुत कुंडली भारत के पूर्व गृहमंत्री श्री यशवंतराव चव्हाण की है। शास्त्रानुसार सब ग्रह लगातार क्रम से होवें तो **'एकावली नामक'** श्रेष्ठ राजयोग होता है। इनकी कुंडली में पूर्व प्रधानमंत्री मोरार जी देसाई, पूर्व राष्ट्रपति अय्यूब खान जैसा ही एकावली नामक राजयोग पड़ा है। पंचमभाव में राजयोगकारक बृहस्पति स्वगृही होकर भाग्य, लाभ व लग्न को पूर्ण दृष्टि से देख रहा है। मंगल उच्च का है। चंद्रमा उच्चाभिलाषी है, शुक्र स्वगृहाभिलाषी है तथा शनि केंद्रस्थ है। लग्नेश सूर्य लग्न को देखता हुआ **'लग्नाधिपति योग'** बना रहा है।

32. चर्चिल और राजयोग

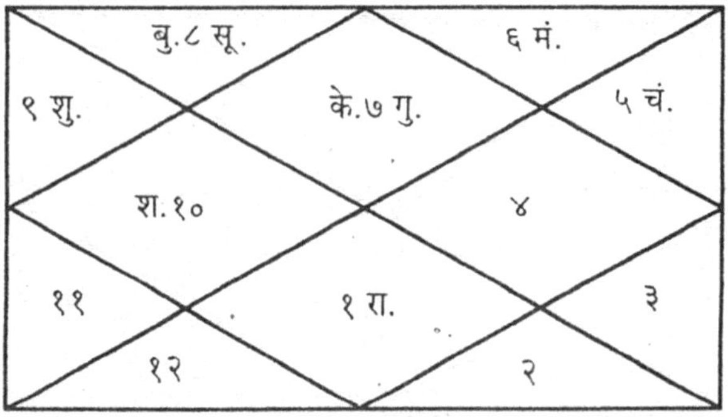

जन्म-तारीख—30-11-1874; जन्म-समय—05-00 (ए० एम०); जन्म-स्थान—लंदन (ब्रिटेन)

प्रस्तुत कुंडली ब्रिटेन के प्रधानमंत्री सर विंस्टन चर्चिल की है। ज्योतिष शास्त्रानुसार लग्न से या अन्य किसी भी स्थान से क्रमश: सब ग्रह होने से **'एकावली नामक'** श्रेष्ठ राजयोग होता है। जैसा कि राष्ट्रपति अय्यूब खान, प्रधानमंत्री मोरार जी देसाई, गृहमंत्री यशवंतराव चव्हाण की कुंडली में यही योग मुखरित हुआ। यहां लग्नस्थ बृहस्पति पूर्ण दृष्टि से भाग्यस्थान को देख रहा है। लग्नेश शुक्र ने बृहस्पति के साथ राशि परिवर्तन योग बनाया है। राजयोगकारक शनि स्वगृही होकर केंद्रस्थ में बैठा राजयोग बना रहा है तथा अपनी उच्च राशि (लग्न) को पूर्ण ताकत प्रदान कर रहा है। इसी प्रकार मंगल बुध के घर में तथा बुध मंगल के घर में परस्पर स्थान परिवर्तन करके बैठा है।

33. मुसोलिनी और राजयोग

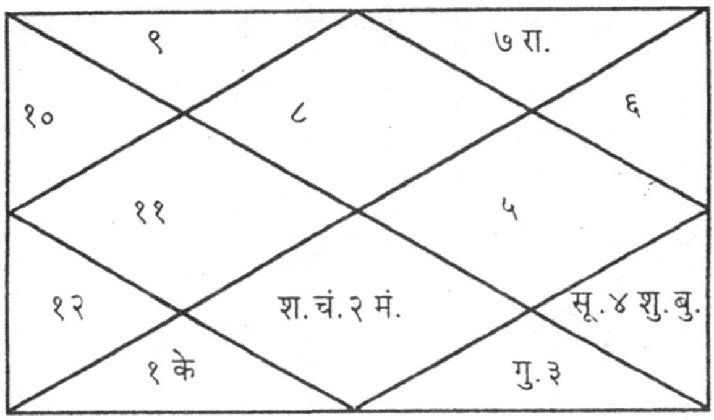

जन्म-तारीख—29-7-1883; जन्म-समय—15-00 (दोपहर); जन्म-स्थान— इटली (फ्रांस)

प्रस्तुत कुंडली इटली के शासक व प्रबल राजनेता श्री मुसोलिनी की है।

लग्न से या अन्य कोई भी स्थानों से क्रम से सब ग्रह लगातार होने से श्रेष्ठ राजयोग हुआ। यह **'एकावली'** नामक राजयोग सर्वश्रेष्ठ राजयोग कहा गया है। चंद्रमा उच्च का मंगल के साथ लग्न को देख रहा है जिससे **'लग्नाधिपति'** योग की सृष्टि हुई। सूर्य दशमेश होकर भाग्य में होने से **'पद्मसिंहासन योग'** बना। शनि पराक्रमेश, सुखेश होकर लग्न को देखने से व्यक्ति का पराक्रम अक्षुण्ण बना रहा। शुक्र व चंद्रमा अर्थात् भाग्येश एवं सप्तमेश ने परस्पर स्थान बदलकर **'परिवर्तनयोग'** की सृष्टि की है।

34. स्टालिन और राजयोग

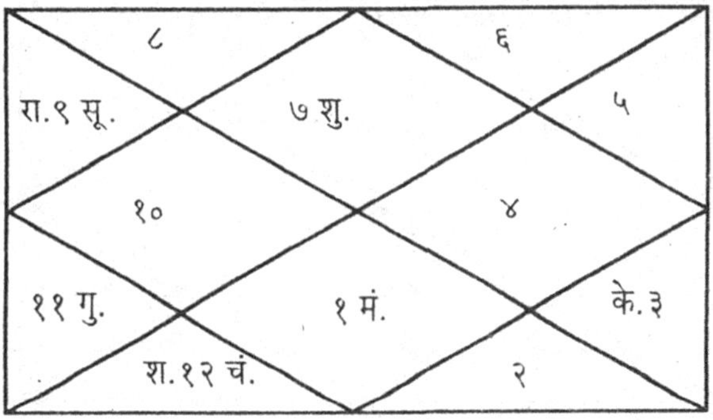

जन्म-तारीख—31-12-1878; जन्म-समय—02-00 (रात्रि) ए० एम०; जन्म-स्थान — सोवियत संघ

प्रस्तुत कुंडली सोवियत गणराज्य (रूस) के महान् नेता स्टॉलिन की है। मानसागरी श्लोक 2 पृष्ठ 220 के अनुसार

एक : शुक्रो जनमसमये लाभसंस्थे च केन्द्र,
जातो वै जन्मराशौ यदि सहजगते प्राप्ते वा त्रिकोणे।
विद्या विज्ञान युक्तो भवति नरपति : विश्वविख्यात कीर्ति;
दानी मानी च शूरो हमगणसहितः मद्गजै से व्यमानः ।।

केंद्र में तुला का अकेला शुक्र राजयोग करता है। फिर स्वगृही मंगल दशम भाव, लग्न एवं स्वराशि वृश्चिक को पूर्ण दृष्टि से देख रहा है। गुरु एवं शनि ने परस्पर राशि परिवर्तन किया। गुरु स्वगृहाभिलाषी है तथा क्रमशः भाग्यभवन, लाभस्थान एवं लग्नस्थान को पूर्ण दृष्टि से देख रहा है।

35. (राष्ट्रपति) श्री राजेन्द्र प्रसाद और राजयोग

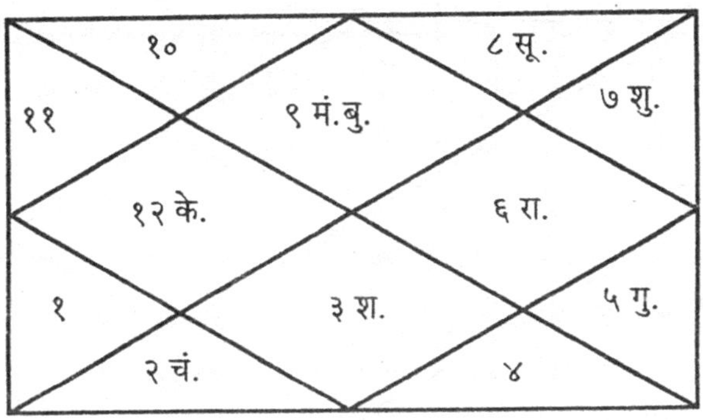

जन्म-तारीख — 3-12-1884; जन्म-समय — 9-00 प्रात: (ए० एम०); जन्म-स्थान — कलकत्ता (बंगाल)

ज्योतिष शास्त्र के अनुसार चारों केंद्रों में शुभ या पापग्रह होवे तो चतु:सागर नाम का राजयोग होता है। यथा—

चतुर्षु केन्द्रस्थानेषु सौम्यपापग्रह स्थिति:।
चतु: सागर योगो यं, राज्यदो धनदो भवेत्॥

— लग्न चंद्रिका, श्लोक 55/ पृ० 12

इस कुंडली में लग्नेश गुरु पूर्ण ताकत से अपनी राशि (लग्नस्थान) को देख रहा है। शुक्र स्वगृही लाभस्थान में है। चंद्रमा उच्च का है। लग्न को चार ग्रहों का बल मिल रहा है। बुध **'पद्मसिंहासन'** योग करके बैठा है। इन योगों के कारण ही डॉ० श्री राजेन्द्र प्रसाद ने स्वतंत्र भारत के प्रथम राष्ट्रपति के रूप में यशस्वी शासन प्रदान किया।

36. (राष्ट्रपति) श्री राधाकृष्णन् और राजयोग

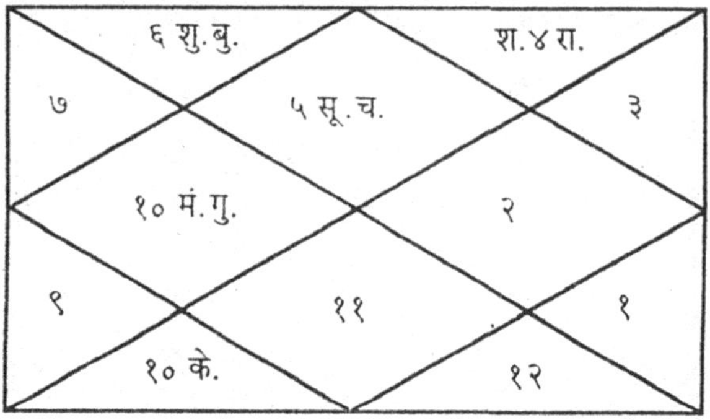

जन्म-तारीख — 6-9-1888, पूर्वा फाल्गुनि; जन्म-समय — 6-00 प्रातः; जन्म-स्थान — मद्रास

ज्योतिष के प्रसिद्ध ग्रंथ मानसागरी के श्लोक 4 पृष्ठ 221 के अनुसार जिस कुंडली में एक भी ग्रह बलवान् होकर केंद्र या त्रिकोण में होवे तो राजयोग श्रेष्ठ होता है। इस कुंडली में लग्नाधिपति सूर्य-चंद्रमा के साथ लग्न में स्थित है। भाग्येश मंगल राजयोगकारक होकर स्वगृही है, केंद्र में है। बुध उच्च का है। शुक्र व बुध की युति **'नीचभंग राजयोग'** की सृष्टि कर रही है। गुरु राजयोगकारक है, स्वगृहाभिलाषी है एवं केंद्र में है। इन सब योगों के कारण डॉ० राधाकृष्णन् ने भारत के सर्वोच्च गरिमामय, राष्ट्रपति पद की शोभा बढ़ाई। पंचमेश गुरु विद्याभवन का अधिपति होकर मंगल के साथ होने से इन्होंने दर्शन व साहित्य के क्षेत्र में भी रचनात्मक कार्य कर चिरस्थाई यश की प्राप्ति की।

37. प्रधानमंत्री लालबहादुर शास्त्री और राजयोग

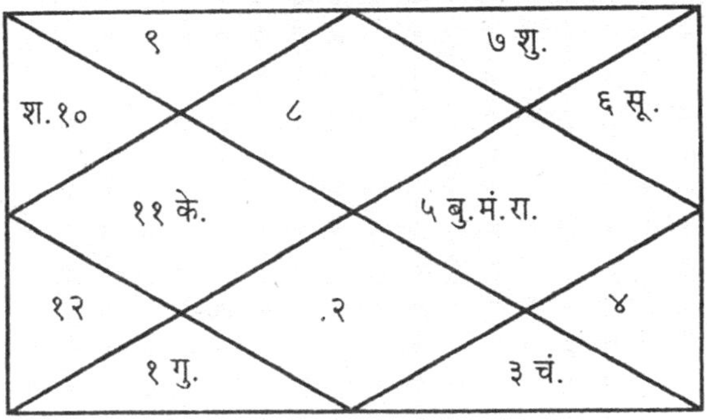

जन्म-तारीख—2-10-1904; जन्म-समय—10-10; जन्म-स्थान — वाराणसी (उत्तर प्रदेश)

लग्न का स्वामी केंद्र या त्रिकोण में बलवान् हो तो श्रेष्ठ राजयोग होता है। यहां मंगल दिग्बली है। बुध केंद्रवर्ती होकर उच्चाभिलाषी है तथा चलित में उच्च का हो गया है। शुक्र स्वगृही है, शनि स्वगृही है। फलतः एक ग्रह उच्चाभिलाषी दो, स्वगृही, एक दिग्बली होने के कारण प्रबल राजयोग बना जिससे वे भारत के प्रधानमंत्री के पद तक पहुंच गए। यद्यपि नवमांश में सूर्य केंद्रवर्ती होकर सुधर गए हैं तथापि दशमेश एवं लाभेश सूर्य, बुध के परस्पर स्थान परिवर्तन ने भी सुंदर राजयोग की सृष्टि की है, जिसे नहीं भूलना चाहिए। चलित में बुध उच्च का हो गया है। तृतीय भाव में स्वगृही शनि ने इन्हें अद्वितीय कीर्ति दी फलतः भारत की धरती में इनके जैसा लोकप्रिय, ईमानदार एवं निष्ठावान् प्रधानमंत्री आज तक नहीं हुआ। चंद्रमा शत्रुक्षेत्री होकर आठवें में जाने से इनकी अकाल मृत्यु हुई।

38. माओत्सेतुंग और राजयोग

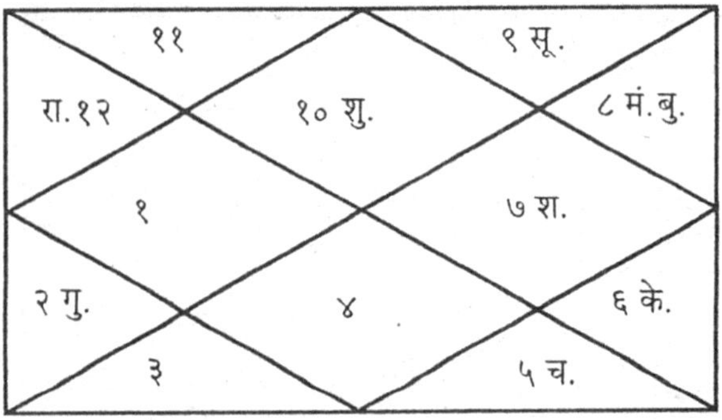

जन्म-तारीख — 26-12-1893; जन्म-समय — 9.00 प्रात:; जन्म-स्थान — पेकिंग (चीन)

प्रस्तुत कुंडली चीन के राष्ट्रपति श्री मावोत्सेतुंग की है। मानसागरी के श्लोक 2, पृ० 220 के अनुसार—

अकेला शुक्र केंद्र या त्रिकोण में तथा तीसरे घर में होवे तो श्रेष्ठ राजयोग होता है। इस कुंडली में राजयोग कारक पंचमेश शुक्र लग्न में है तथा लग्नेश शनि केंद्र में उच्च का होने से उत्तरोत्तर उत्तम राजयोग बना है। माओत्सेतुंग विश्व की सबसे बड़ी आबादी वाले राष्ट्र चीन के राष्ट्रपति बने। चतुर्थेश मंगल स्वगृही होकर लाभ में है। **'पद्मसिंहासन योग'** के साथ शनि के कारण **'शशयोग'** नामक अति सुंदर राजयोग की सृष्टि हुई है जो कि पंचमहापुरुष योगों में एक योग माना जाता है।

39. आचार्य विनोबा भावे और राजयोग

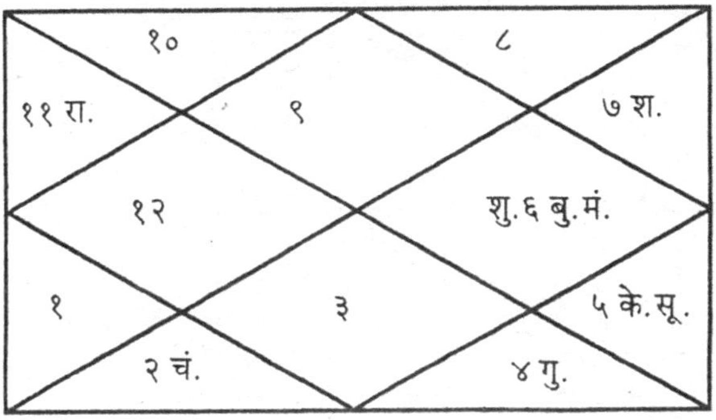

जन्म-तारीख — 11-9-1895; जन्म-समय — 14.30 (दोपहर); जन्म-स्थान — वर्धा

मानसागरी श्लोक 7 पृष्ठ 222 के अनुसार जिस जातक की कुंडली में बुध, शुक्र या बृहस्पति केंद्र में होकर मंगल दशम में हो तो राजयोग होता है। यद्यपि भूदान यज्ञ के प्रवर्तक आचार्य विनोबा भावे किसी राजनैतिक पद या सरकारी पद पर प्रतिष्ठित नहीं हुए तथापि बड़े-बड़े राजा-महाराजा, जागीरदार व जमींदार के सिर उनके चरणों में झुकते थे। स्वतंत्र भारत के राष्ट्रपति एवं प्रधानमंत्री उनकी आज्ञा के पालन हेतु आतुर रहते थे। अत: उनकी कुंडली ज्योतिष प्रेमियों हेतु विशेष रूप से दृष्टव्य है। उच्च का बुध केंद्र में **'पद्मसिंहासन'** योग एवं **'भद्रयोग'** की सृष्टि कर रहा है। लग्नेश गुरु उच्च का, चंद्रमा उच्च का एवं सूर्य स्वगृही भाग्यभवन में, एवं शनि उच्च का लाभस्थान में बैठा है। लग्नेश अष्टम में जाने से **'लग्नभंगयोग'** बना जिसके कारण वे किसी भी प्रभावशाली पद पर आरूढ़ नहीं हो सके इस कुंडली की सत्यता को प्रमाणित कर रहा है।

40. राष्ट्रपति सद्दाम हुसैन और राजयोग

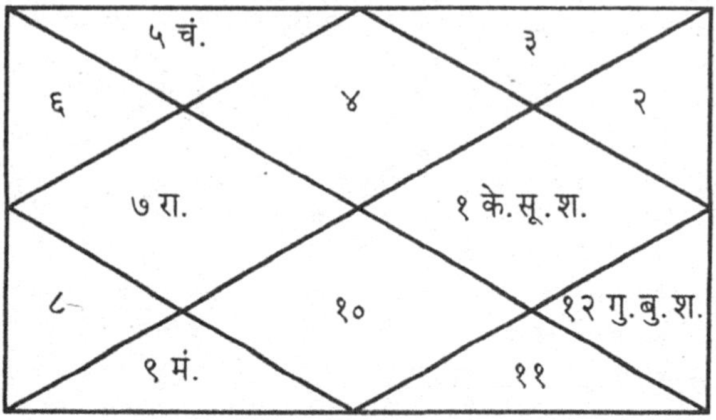

जन्म-तारीख—28-4-1939; जन्म-समय—दोपहर 12.00 (ए० एम०) ;
जन्म-स्थान—तिकरित (बगदाद)

कर्क लग्न वाली इस कुंडली में राजयोगकारक मंगल उच्चाभिलाषी होकर लग्न को पूर्ण दृष्टि से देख रहा है । उच्च का शुक्र नीच के बुध के साथ नीचभंग राजयोग की सृष्टि कर रहा है । भाग्यभवन में बलवान् बृहस्पति पूर्ण ताकत से लग्न को देखकर '**हंस योग**' की सृष्टि कर रहा है । सूर्य उच्च भाव में दिग्बली है साथ में शनि नीच का '**नीचभंग**' राजयोग की सृष्टि कर रहा है । इस सूर्य एवं शनि की दशम '**राज्य**' भाव में युति के कारण जातक क्रूर तानाशाह, हठी एवं दबंग शासक है तथा संसार के राष्ट्राध्यक्षों में अपना विशिष्ट स्थान् रखता है ।

इस कुंडली में चतुर्थ से लेकर दशम भाव तक ग्रह स्थिति के कारण '**शंखपाल नामक आंशिक कालसर्पयोग**' की स्थिति बनी है । जिसका विषैला प्रभाव जातक के दिल व दिमाग पर स्पष्ठ है ।

41. पूर्व प्रधानमंत्री श्री जुल्फीकार भुट्टो और राजयोग

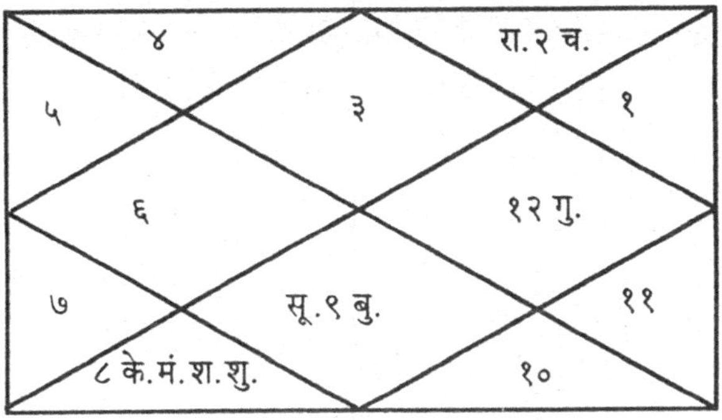

जन्म-तारीख—5-1-1928; जन्म-समय—17.03, नक्षत्र—मृगशिरा;
जन्म-स्थान— लरकाना (पाकिस्तान)

बुध लग्नेश होकर लग्न को देखता हुआ **'लग्नाधिपति योग'** बना रहा है। स्वगृही गुरु केंद्रस्थ होकर राजयोग बना रहा है जिसके कारण ये एक बार पाकिस्तान के प्रधानमंत्री पद पर पहुंच गए। चंद्रमा उच्च का एवं मंगल स्वगृही है जो लग्न को पूर्ण दृष्टि से देख रहा है। भुट्टो की मृत्यु फांसी से होगी इसकी भविष्यवाणी हमने बहुत पहले अज्ञातदर्शन में कर दी थी। हैंड प्रिंट व जन्मकुंडली के आधार पर घोषित की गई मृत्यु की तारीख में सिर्फ चार दिन का अंतर निकला।

भुट्टो की कुंडली में छठे स्थान में द्वादश भाव पर्यन्त **'महापद्म नामक कालसर्पयोग'** बना जिसके कारण बिल्कुल झूठे आरोप में फंसे एवं मृत्युदंड को प्राप्त हुए जीवन भर कार्य में बाधा एवं निरंतर संघर्ष एवं परस्पर धोखे के कारण इनका जीवन कष्टमय ही रहा।

42. राजेश खन्ना और राजयोग

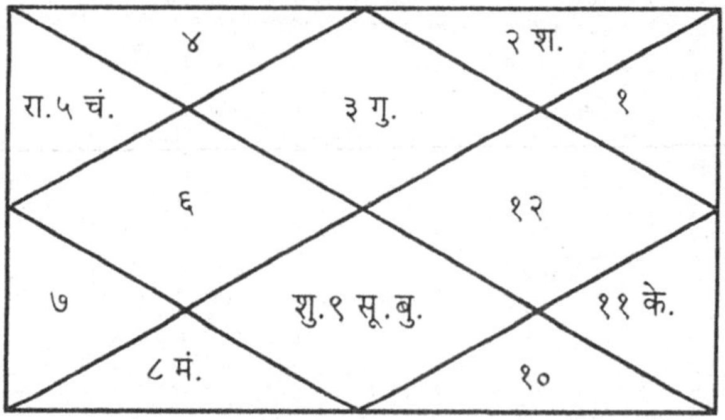

जन्म-तारीख — 29-12-1942; जन्म-समय — 17-45 (ए० एम०)
नक्षत्र— 3 फाल्गुनि; जन्म-स्थान — अमृतसर (पंजाब)

प्रसिद्ध फिल्म अभिनेता राजेश खन्ना एक समाजसेवी व्यक्तित्व होने के साथ राजनेता एवं सांसद भी हैं। लग्नेश बुध **'लग्नाधिपति योग'** के साथ लग्न को देख रहा है। गुरु लग्न में, शुभग्रहों से लग्न दृष्ट है अत: राजयोग की सृष्टि कर रहा है। मंगल स्वगृही है, पराक्रमेश सूर्य जो कि ग्रहों का राजा है **'उभयचारी'** योग के साथ लग्न को पूर्ण ताकत से देख रहा है। गुरु **'पद्मसिंहासन योग'** बना रहा है इस बात को भी नहीं भूलना चाहिए।

जीवन के अंतिम क्षणों में यह कुंडली अध्यात्म्य की ओर मुड़ जाएगी। राजेश खन्ना वैराग्य की ओर प्रवृत होंगे तथा उच्च समाजसेवी के रूप में प्रतिष्ठित होंगे। इस कुंडली में गुरु व बुध का परस्पर अपने-अपने घरों को देखने वाला दृष्टियोग सबसे विलक्षण राजयोग की सृष्टि कर रहा है।

43. मुख्यमंत्री भेरोसिंह शेखावत और राजयोग

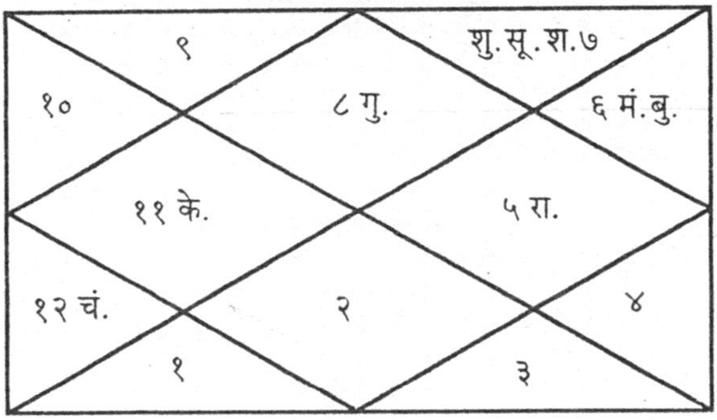

जन्म-तारीख— 23-10-1923; जन्म- समय—9.30 प्रातः; जन्म-स्थान—खारचिया वास (सीकर)

राजयोग की कुंडली के संदर्भ में श्री भेरोसिंह शेखावत की कुंडली सबसे विचित्र है। गुरु केंद्र में तथा लग्नेश मंगल लाभ में उच्च के बुध के साथ स्थित है। भाग्येश चंद्रमा पंचम भाव में राजयोग की सृष्टि कर रहा है। सबसे उत्तम योग शुक्र+सूर्य+शनि की युति है। यह **'नीचभंग राजयोग'** का उत्कृष्ट उदाहरण है। जिसके कारण शेरे राजस्थान श्री भेरोसिंह शेखावत तीन बार विपक्षी नेता के केप में जीत कर राजस्थान के मुख्यमंत्री पद पर आरूढ़ हुए तथा अपने क्षेत्र के अजेय कीर्तिशाली नेता माने जाते हैं, जिसकी तुलना में दूसरे किसी नेता का नाम नहीं लिया जा सकता।

श्री भेरोसिंह शेखावत का स्वास्थ्य 1996-97 के मध्य चिंता का विषय बनेगा। उस समय इन्हें सावधान रहना चाहिए। यह विरोधी नेता के रूप में सफलता प्राप्त कर, सत्ता के विरुद्ध संघर्ष करके अनुपम विजय प्राप्त करने वाले नेता की विलक्षण कुंडली है जो ज्योतिष प्रेमियों का मार्गदर्शन करेगी।

44. मुख्यमंत्री हरिदेव जोशी और राजयोग

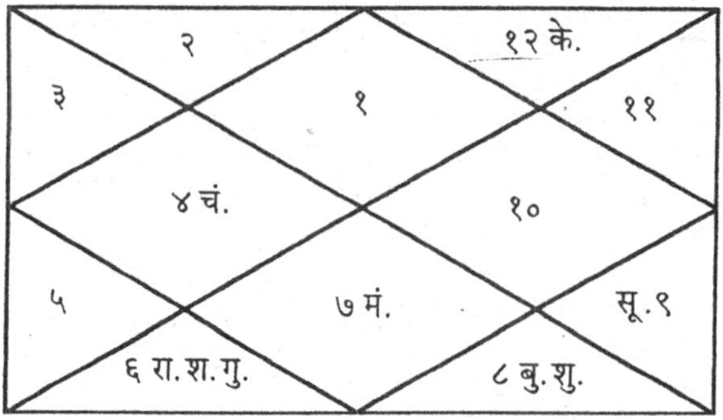

जन्म-तारीख — 17-12-1912; जन्म-समय —14.30, नक्षत्र— पुनर्वसु
जन्म-स्थान — खांदू (बांसवाड़ा)

लग्नेश मंगल **'लग्नाधिपति'** योग के साथ लग्न को देख रहा है। पंचमेश सूर्य भाग्य में तथा चतुर्थेश चंद्रमा स्वगृही उत्तम राजयोग की सृष्टि कर रहा है। प्रस्तुत जातक राजस्थान में कांग्रेस (इ) के सबसे सशक्त नेता रहे एवं तीन बार राजस्थान सरकार के मुख्यमंत्री जैसे पद पर आरूढ़ रहे। इसलिए यह कुंडली संग्रहणीय है। इस कुंडली में **आंशिक कालसर्पयोग** बना है। जिससे इनका शरीर खासकर छठा भाव एवं बारहवां भाव शून्य रहेगा। पक्षाघात, गर्दन एवं हाथ-पांव में अकड़न रहेगी। इनके लिए 'महामृत्युंजय' करने की सलाह है। सन् 1995-96 इनके लिए घातक है।

45. महाराष्ट्र के उपमुख्यमंत्री एवं भाजपा के प्रमुख नेता श्री गोपीनाथ मुंडे

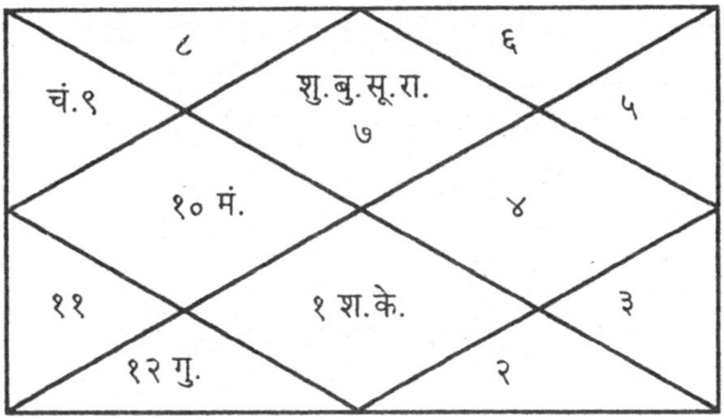

जन्म-तारीख — 18-10-1939; जन्म-समय —7..30,
जन्म-स्थान — बम्बई

प्रस्तुत कुंडली महाराष्ट्र के उपमुख्यमंत्री एवं भारतीय जनता पार्टी के प्रमुख नेता श्री गोपीनाथ मुंडे की है। इनका जन्म 18 अक्टूबर 1939 को प्रात: 7.30 पर बंबई में हुआ। इनका जन्म "तुलालग्न" लग्न में शुक्र व सूर्य के साथ हुआ, फलत: ये जन्म से ही सिद्धांतवादी एवं स्वाभिमानी व्यक्ति थे। इनका जन्म केतु की दशा में हुआ। फलत: बचपन व युवावस्था संघर्ष में ही व्यतीत हुई।

इनकी कुंडली में राजयोग का प्रबल कारक ग्रह मंगल है जोकि दिग्बली एवं उच्च का होकर केंद्र में बैठा है। इस मंगल के कारण इस कुंडली में **"रूचक"** नामक राजयोग की सृष्टि हुई है जोकि पंचमहापुरुष योगों में से एक योग है। सन् 1995 के लगते ही इनका यह राजयोग प्रबल रूप से प्रभावी हुआ। कोई स्वप्न में ही नहीं सोच सकता था कि बंबई में कभी भाजपा का शासन होगा एवं गोपीनाथ मुंडे उसके उपमुख्यमंत्री बनेंगे।

"श्रीचंडमार्तंड पंचांग" ने दीपावली 1994 को ही लिख दिया था कि आगामी चुनावों में शिवसेना एवं भाजपा का गठबंधन उभरेगा। जब 18 मार्च 95 को ये पंक्तियां अक्षरश: सत्य हुईं तो ये शब्द सोने से भी अनमोल हो गए।

उपरोक्त कुंडली हमें मराठी पत्रिका "ग्रहांकित" के फरवरी अंक से प्राप्त हुई। इस दृष्टि से इस समय श्री मुंडे को राहु की महादशा में बुध का अंतर चल रहा है। बुध भाग्येश है तथा लग्न में **"बुधादित्ययोग"** करके बैठा है, फलत: बलवान् है। यह दशा श्री मुंडे के भाग्योदय की दशा है, जो कुछ इनको जीवन में अब तक न मिला, इस दशा

में मिलेगा। दूसरे शब्दों में यह समय इनके जीवन का चरमोत्कर्ष स्वर्णकाल कहा जा सकता है।

3 जून 1996 के बाद केतु की अंतरदशा में किसी बात को लेकर विवाद उभरेगा। जिसके फलस्वरूप मानसिक तनाव को लेकर आंतरिक खींचातानी की स्थिति बनेगी। यह समय मात्र एक वर्ष एवं सोलह दिन का है इसके बाद ये पांच वर्ष निर्विघ्न राज्यसत्ता को भोगेंगे एवं शिवसेना की बचकानी हरकतों व अपरिपक्व वक्तव्यों का प्रतिकार धैर्य के साथ निभाते हुए गंभीरता, सौजन्यत एवं शिष्टता का परिचय देंगे।

46. श्री बालठाकरे की कुंडली

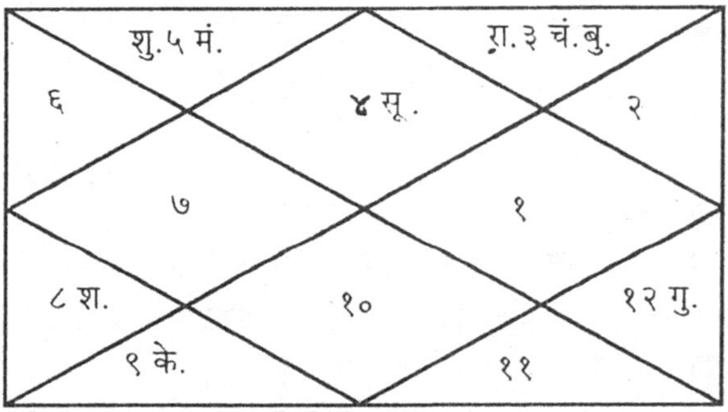

जन्म-तारीख — 27-7-1927: जन्म-समय — 7.00. प्रात:
जन्म-स्थान — महाराष्ट्र

राज्यसभा, लोकसभा, संसद में चर्चित, देश-विदेश की राजनीति में महत्वपूर्ण दखल अंदाजी रखने वाले श्री बालठाकरे की यह कुंडली हमें महाराष्ट्र से प्रकाशित 'साप्ताहिक सकाल' के रविवारीय पृष्ठ (अगस्त 1993) से प्राप्त हुई। इस कुंडली के हिसाब से श्री बालठाकरे का जन्म 27 जुलाई 1927 को प्रात: 7.00 बजे, आर्द्रा नक्षत्र एवं राहु की दशा के अंतर्गत महाराष्ट्र में कर्कलग्न के अंतर्गत हुआ।

कर्क लग्न एक राजयोग कारक लग्न है। इसमें जन्मा व्यक्ति अत्यधिक महत्वाकांक्षी होता है तथा जीवन में किसी के आगे झुकता नहीं। श्रीमती इंदिरा गांधी इसका प्रबल उदाहरण हैं। इंदिरा गांधी के लग्न में शनि था। इनके लग्न में सूर्य व बुध हैं। लग्न में यदि ग्रहराज सूर्य बैठा हो तो व्यक्ति हकूमत पसंद, कठोर अनुशासक, प्रबल आत्मबली एवं अपने आगे सभी को तुच्छ समझने वाला, किसी की परवाह न करने वाला, कुछ घमंडी एवं सनकी मिजाज का जातक होता है।

महाराष्ट्र में शिवसेना का जन्म 16 जून 1966 दोपहर 12 बजे अभिजित मूहुर्त एवं "कन्यालग्न" के अंतर्गत बंबई में हुआ। यह संगठन बंबई स्थापना के ठीक 6 वर्ष बाद हुआ। तबसे लेकर अब तक शिवसेना का अक्षुण्ण नेतृत्व निर्विघ्न रूप से श्री बालठाकरे के हाथ में है। इसका मुख्य कारण भाग्यस्थान में स्वगृही बृहस्पति **"हंसयोग"** की सृष्टि कर रहा है जोकि पंचमहापुरुष योग के अंतर्गत सबसे बलिष्ठ राजयोग माना गया है। बालठाकरे की कुंडली का नवमांश भी "धनुलग्न" का है जहां चंद्रमा गुरु की राशि मीन में बैठा है।

इस कुंडली में वाणी का अधिपति सूर्य है। जहां पर सूर्य का शत्रु शुक्र बैठा है तथा मंगल भी वाणी के स्थान में बैठा है। ज्योतिष शास्त्रानुसार जिस व्यक्ति की कुंडली में द्वितीय भाव में मंगल हो वह ऊंटपटांग बोलता है, विरोधाभाषी या विवादास्पद वक्तव्य देता है जिससे शत्रु पैदा होते हैं। फिर भी लग्नस्थान पराक्रम स्थान एवं पंचमस्थान गुरु से दृष्ट है। अत: ऐसे व्यक्ति की वाणी, उसका चिंतन, देशप्रेम, राष्ट्रीयता एवं जन्मभूमि के प्रति अत्यधिक निष्ठा से ओतप्रोत होगा। पंचम भाव में शनि होने से जातक में क्रियात्मक शक्ति, रचना करने की प्रवृत्ति बहुत होगी। पराक्रमेश बुध लग्न में होने से जातक का पराक्रम तेज रहेगा तथा उसकी कीर्ति पताका दिग्दिगंतर में फहराएगी।

अभी श्री ठाकरे को शुक्र की महादशा चल रही है तथा उसमें राहु का अंतर चल रहा है। राहु उच्च का है। अभी 20 अक्टूबर 1996 तक ये जो विचारेंगे वो काम होगा। द्वादश भाव में चंद्र + राहु की युति इनके लिए घातक है और "शस्त्रहंतायोग" की सृष्टि करता है। अत: शत्रुओं से सावधान रहना अनिवार्य है।

47. चुनाव आयुक्त श्री टी.एन. शेषन

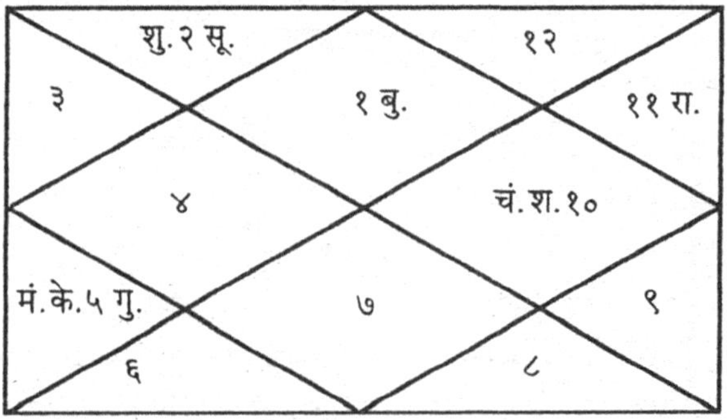

जन्म-तारीख — 15-5-1933; जन्म-समय —4.50, प्रात:
जन्म-स्थान — पालघाट

श्री टी. एन. शेषन का पूरा नाम श्री तिरुवरन्न नारायण शेषन है। जब ये गुस्से में होते हैं तो लोग इन्हें शेषनाग की उपाधि देते हैं, जो हजार फन से फुंफकारता है। कोई उन्हें "अलशेसन" कहता है, कोई तानाशाह तो कोई धौंसपट्टी वाला बताते हैं। इसका मुख्यकारण "मेषलग्न" है। जिसमें जन्मे जातक प्राय: हठी व क्रोधी होते हैं।

दशमेश एवं लाभेश शनि स्वगृही होकर केंद्रस्थ है। जिससे बलवान् **"शशयोग"** एवं **"पद्मसिंहासन योग"** की सृष्टि की है। इस योग के कारण जनवरी 1965 में शेषन तमिलनाडु में मदुराई जिले के जिलाधीश बने।

द्वितीय भाव जहां धन का है, वहां वाणी का भी प्रतिनिधित्व करता है। वाणी स्थान में दो शत्रुग्रहों की परस्पर युति बतलाती है कि व्यक्ति को अपनी जिह्वा पर नियंत्रण नहीं है तथा सूर्य की वजह से अनेक बार कठोर एवं आदेशात्मक वाणी का प्रयोग कर चर्चा का विषय बन जाता है।

श्री शेषन राजीव गांधी के मंत्रीमंडल में रक्षा सचिव के महत्त्वपूर्ण पद पर नियुक्त थे। श्री शेषन को नक्षत्रों, सितारों, ज्योतिष, पिरामिड, पशु-पक्षी शकुन पर पूर्ण विश्वास है और उन्हें राजीव गांधी की मृत्यु का पूर्वाभास भी था। उन्होंने राजीव गांधी को चेतावनी भी दी तथा मद्रास की यात्रा हेतु मना भी किया। श्री शेषन के श्वसुर प्रो.आर.एस. कृष्णान् केरल विश्वविद्यालय के कुलपति थे और प्रखर ज्योतिषी भी, मालेश्वरम के शिवमंदिर में उनका पारावारिक ज्योतिषी रहता था जिनसे श्री शेषन समय-समय पर मार्गदर्शन लेते रहते हैं।

श्री टी.एन. शेषन के भाग्य का सितारा उस समय चमका जब 9 दिसंबर 1991

को उन्हें प्रधानमंत्री श्रीचंद्रशेखर की सरकार ने मुख्य चुनाव आयुक्त के पद पर नियुक्त किया। इस समय उन्हें शनि की महादशा में शुक्र का अंतर चल रहा था। श्री शेषन ने अपने अधिकारों का अभूतपूर्व प्रदर्शन किया। जिससे वे आम जनता में चर्चित रहे तथा सर्वाधिक लोकप्रिय व्यक्ति बन गए।

इस वर्ष विश्व में एक सर्वे द्वारा जब सर्वाधिक चर्चित व्यक्ति का आंकलन किया तो श्री शेषन नंबर वन पर स्थित थे। सन् 1994-95 में समग्र संसार में उनके जैसा चर्चित व्यक्ति कोई नहीं हुआ, इसलिए गिनिज बुक आफ रिकार्ड में उनका नाम अंकित किया गया। बुद्धि का अधिपति बुध उनकी कुंडली के लग्नस्थान में है। देवगुरु बृहस्पति लग्न एवं बुध को पूर्ण दृष्टि से देख रहे हैं। फलत: शेषन पूर्णत: धार्मिक बुद्धि के, सिद्धांतवादी एवं असमझौतावादी प्रवृत्ति के हैं। किसी के सामने झुकना या परिस्थितियों के आगे घुटने टेकना उन्होंने सीखा नहीं। सुखेश चंद्रमा अपने घर को पूर्ण दृष्टि से देख रहा है फलत: शेषन पूर्ण रूप से सुखी, संपन्न एवं अपने आप में मस्त रहने वाले व्यक्ति हैं। ईस्वी सन् 2002 तक इन्हें शनि की दशा रहेगी, तब तक भारतीय राजनीति एवं प्रशासकीय जीवन में इनका प्रभाव किसी न किसी रूप में अक्षुण्ण रहेगा। बहुत संभव है कि सन् 1996-97 में शनि में मंगल की अंतर्दशा में उन्हें वर्तमान से भी बहुत बड़ा कोई पद मिल जाय। श्री शेषन नित्य आदित्य हृदय एवं ललितासहस्त्र नाम का पाठ करके, सितारों को अनुकूल करते रहते हैं। एक ईमानदार व्यक्ति के रूप में शेषन युगों-युगों तक याद किए जाते रहेंगे।

48. श्री अर्जुनसिंह एवं राजयोग

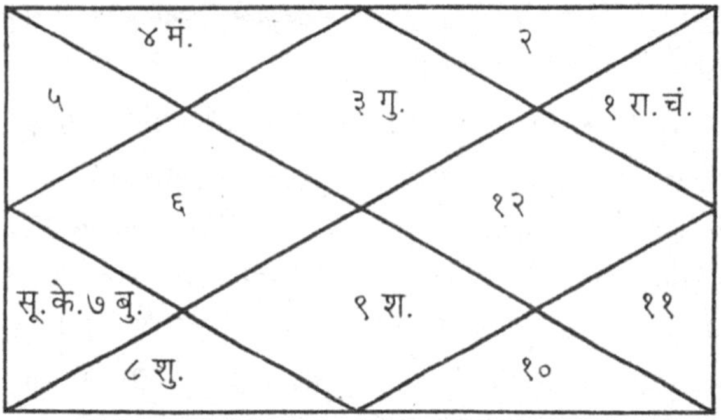

जन्म-तारीख — 5-11-1930; जन्म-समय —20.30,
जन्म-स्थान — रीवा मध्य प्रदेश

पूर्व मानव संसाधन मंत्री श्री अर्जुनसिंह का जन्म 5 नवंबर 1930 को मध्यप्रदेश के रीवा गांव में "मिथुनलग्न" के अंतर्गत हुआ। देवगुरु बृहस्पति उच्चाभिलाषी होकर लग्न में स्थित है। ज्योतिष शास्त्र में उच्चाभिलाषी ग्रह उच्च ग्रह से भी अधिक शक्तिशाली माने गए हैं। इसके कारण ही इनकी कुंडली में राजयोग की सृष्टि हुई क्योंकि गुरु दसमेश होकर लग्न में स्थित है।

इसी प्रकार चंद्रमा भी उच्चाभिलाषी है। भाग्येश शनि भी स्वगृहाभिलाषी होकर केंद्रस्थ है। सूर्य पराक्रमेश होकर **"उभयचारी योग"** करके बैठा है। अर्जुनसिंह का जन्म केतु की महादशा में हुआ जब 1 वर्ष 9 माह और 6 दिन भोगने बाकी थे। राहु की महादशा में उन्होंने उच्चपदस्थ मंत्री पद भोगा।

13 अगस्त 1993 को उन्हें गुरु की दशा लगी। यहां से उनका कुछ पराभव प्रारंभ हुआ। गुरु में गुरु का अंतर 1.10.1995 तक पूर्णत: प्रतिकूल है। इसके बाद गुरु की महादशा में शनि का अंतर लगेगा। शनि अष्टमेश भी है एवं भाग्येश भी। पहले यह अष्टमेश का फल देगा। अत: आने वाले समय में श्री अर्जुन सिंह का भविष्य उज्ज्वल नहीं दिखलाई देता। इसका मुख्य कारण मुस्लिम तुष्टीकरण के जिस आधार पर वे खड़े हैं, वह आधार ही उन्हें रसातल में ले जाएगा। फिर जिस कांग्रेस पार्टी की शुद्धिकरण की वे बात कर रहे हैं, वह कांग्रेस पार्टी स्वयं अभी संक्रमण काल में चल रही है और उसे डुबाने का पूरा श्रेय वर्तमान प्रधानमंत्री श्री नरसिम्हाराव को मिलेगा। श्री अर्जुन सिंह इस कांग्रेस पार्टी की डुबती नाव के सबसे बड़े छेद साबित होंगे। जो लोग श्री अर्जुनसिंह को प्रधानमंत्री का कांच बता रहे हैं, उनसे सावधान रहना होगा। क्योंकि अब आगे वाली दशाएं उनके लिए केवल अपमान व अपकीर्तिदायक ही साबित होंगी।

49. ढलती राजनीति व श्री शरद पंवार

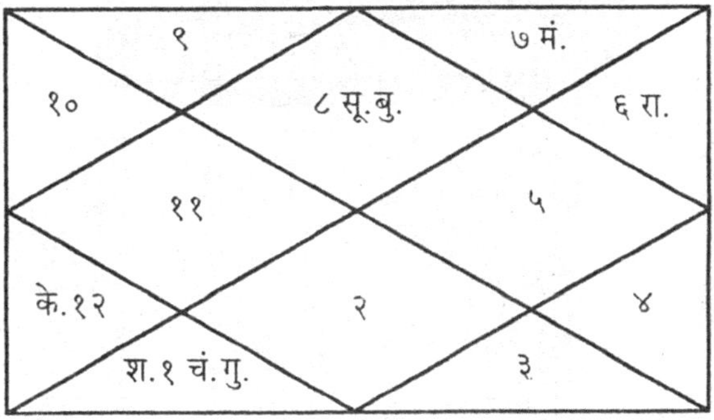

जन्म-तारीख — 12-12-1940; जन्म-समय —6.30, प्रात:
जन्म-स्थान — बंबई

पूर्व रक्षामंत्री एवं महाराष्ट्र राज्य की राजनीतिक धारा से जुड़े श्री शरद पंवार का जन्म **"वृश्चिकलग्न"** एवं "मेषराशि" के अंतर्गत बंबई (महाराष्ट्र) में हुआ। लग्न में सूर्य, लाभेश बुध सूर्य के साथ "बुधादित्य, करके बैठा है। दशमेश सूर्य लग्न में होने के कारण "पद्मसिंहासन" नामक राजयोग बना। शरद पंवार की उत्कर्ष राजयोग ढलती राजनीति के उतरते दौर में से गुजर रही है। जोकि 22.2.2000 तक चलेगी। इसके बाद शनि की महादशा लगेगी। शनि नीच का है एवं पापी है। लगता नहीं कि इन्हें अब कोई ऊंचा पद मिल पाएगा। अपितु ये गंदे राजनीति दलदल में धंसते हुए दिखलाई पड़ेंगे, जिसका समय रहते इन्हें प्रायश्चित विधान व उपाय कर लेना चाहिए।

□□□

व्यक्तित्व विकास

अच्छा इंसान सफल विजेता कैसे बने
शशिकांत 'सदैव'
डेल कारनेगी
लोक व्यवहार
प्रभावशाली व्यक्तित्व की कला
HOW TO WIN FRIENDS & INFLUENCE PEOPLE
DALE CARNEGIE
टॉपर्स के टॉप टिप्स
टॉपर बनना ना तो मुश्किल है, ना ही नामुमकिन
जे.पी.एस. जौली
डेल कारनेगी
चिंता छोड़ो सुख से जियो
HOW TO STOP WORRYING & START LIVING
DALE CARNEGIE
कहानियाँ जो जीना सिखाएं
जेपीएस. जौली
कहानियाँ जो राह दिखाएं
सुख, समृद्धि और सफलता की पारसमणि
जे.पी.एस. जौली
मैनेजमेंट एवं कॉरपोरेट गुरु चाणक्य
चाणक्य द्वारा सिखाए गए यह सूत्र जो आज भी उतने ही प्रासंगिक हैं।
डॉ. उज्जवल पाटनी
सफल वक्ता सफल व्यक्ति
आपके भीतर छिपी सफलता पाने की 8 शक्तियाँ
शिशिर श्रीवास्तव
सफलता की नई तकनीक
सफलता एक निरन्तर प्रक्रिया है
टाइम मैनेजमेंट
आप और आपका व्यवहार
No.1
सूर्या सिन्हा
सोच बदलो सफलता पाओ
जोगिन्दर सिंह
क्या है नेटवर्क मार्केटिंग जानिए
No.1 Bestseller
12 भारतीय भाषाओं में उपलब्ध
सूर्या सिन्हा
जीत लो ख्वाबों को
दृढ़ इच्छाशक्ति, आत्मबल और कठिन परिश्रम से आप हर सपना साकार कर सकते हैं
जोगिन्दर सिंह
हार के बाद ही जीत है
जोगिन्दर सिंह